NOTES GÉNÉALOGIQUES

SUR

PLUS DE DOUZE CENTS FAMILLES

DES

COMTÉS DE PONTHIEU ET DE MONTREUIL

Par N. de X....

MEMBRE DE LA SOCIÉTÉ DES ANTIQUAIRES DE PICARDIE ET DE PLUSIEURS
AUTRES SOCIÉTÉS SAVANTES

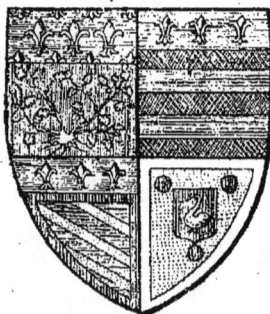

ABBEVILLE

LIBRAIRIE P. PRÉVOST

41, Rue des Lingers, 41

1887

NOTES GÉNÉALOGIQUES

201

Cet ouvrage est tiré seulement à 250 exemplaires.

NOTES GÉNÉALOGIQUES

SUR

PLUS DE DOUZE CENTS FAMILLES

DES

COMTÉS DE PONTHIEU ET DE MONTREUIL

Par N. de X....

MEMBRE DE LA SOCIÉTÉ DES ANTIQUAIRES DE PICARDIE ET DE PLUSIEURS
AUTRES SOCIÉTÉS SAVANTES

ABBEVILLE
LIBRAIRIE P. PRÉVOST
41, Rue des Lingers, 41
1887

AU LECTEUR.

Il s'est élevé en France depuis quelques années comme une protestation contre les idées fausses d'égalité qui semblaient prévaloir, et, la plupart des familles ont recherché dans les titres anciens les documents destinés à établir les services rendus par elles au pays.

De nombreux ouvrages généalogiques, tous d'un grand intérêt, en raison des renseignements qui y sont mentionnés, ont paru dans les départements. Le nobiliaire remarquable de M. le marquis de Belleval, les savantes recherches de M. de Rosny, l'annuaire de M. Borel d'Hauterive et tant d'autres travaux de valeur, ont déjà jeté un jour presque complet sur les vieilles familles de la Picardie et sur celles du Ponthieu en particulier.

Il m'a paru cependant intéressant de publier les notes, que j'ai eu la bonne fortune de trouver dans d'anciennes archives et principalement dans les minutes des notaires et dans les registres des paroisses.

Pour rendre mon travail plus complet, j'ai intercalé dans chaque article certains renseignements puisés dans les ouvrages cités plus haut et dans plusieurs autres.

La Picardie en raison de sa situation géographique, est une des provinces qui ont le plus souffert des luttes, dont le nord de la France fut longtemps le théâtre.

Il m'a été permis de voir quelles épreuves ont traversé presque toutes les familles. Un grand nombre d'entre elles, même parmi les plus riches et les plus illustres, ont du, après des guerres mal-

heureuses, se livrer au commerce, non pour soutenir leur rang, mais pour reconstituer leur patrimoine.

Ces causes ont rendu la noblesse picarde très difficile à suivre dans son histoire.

Les actes de l'état civil tenus jusqu'en 1789 par les curés des paroisses laissaient beaucoup à désirer. Établis sans ordre précis et sans grand souci de l'orthographe, il était presque impossible de s'y reconnaître. Les noms les plus illustres étaient écrits de vingt manières différentes ; ainsi, celui des Thubeauville se retrouve Thubiauville, Tuboville, Thiubiauville, etc ; et pour tous, des orthographes aussi bizarres et aussi irrégulières.

En coordonnant ces notes généalogiques, j'ai pensé rendre un réel service aux familles, dont les membres ne se soucieraient pas de fouiller eux-mêmes les chartes anciennes, la lecture des vieux titres étant souvent difficile.

Bien des noms sont aujourd'hui éteints, j'ai cru pourtant nécessaire de ne pas les laisser dans l'oubli, car la plupart ont été portés par des hommes qui ont rendu de signalés services à leur pays.

Je n'ai pas mentionné dans ce travail plusieurs familles qui avaient déjà eu leur généalogie publiée dans des ouvrages nobiliaires, ou, si je l'ai fait, c'est que j'ai trouvé des renseignements nouveaux pouvant les intéresser. Pour la plupart, je me suis arrêté à 1789, supposant que les registres de l'état civil suffiraient à compléter ces recherches.

Enfin, il m'a paru important de rappeler les attributions des différentes charges et professions d'avant 1789. Aussi n'ai-je pas craint d'entrer dans quelques explications destinées à rendre plus compréhensible le texte de mon ouvrage.

Dans l'ordre judiciaire, les secrétaires du Roi étaient des officiers de la grande chancellerie, qui avaient le droit d'expédier et de signer les lettres et d'assister au sceau.

Le lieutenant particulier était le magistrat qui jugeait en

l'absence du lieutenant général dans les présidiaux et qui tenait l'ordinaire, c'est-à-dire une audience particulière pour les causes ordinaires du bailliage et de la prévôté, après que la présidiale était finie.

On entendait par lieutenant civil, *le magistrat établi pour juger les affaires civiles.*

Les attributions du lieutenant criminel, *consistaient, comme son nom l'indiquait, à juger les crimes, qui se commettaient dans l'étendue de sa juridiction.*

Le lieutenant général de police *veillait à la sûreté de la ville et de la banlieue et connaissait les délits de ceux qui contrevenaient aux ordonnances et aux règlements de police.*

Les baillis et le sénéchaux, *étaient des juges royaux, connaissant des appellations, tant des prévôts royaux que des seigneurs hauts-justiciers de leur ressort. Les appellations interjetées de leurs sentences, relevaient du Parlement.*

Sous eux, *il y avait des juges inférieurs, appelés* prévôts, *jugeant les affaires civiles en première instance, c'est-à-dire les matières civiles, personnelles, réelles et mixtes entre roturiers, à l'exception de celles qui étaient réservées aux baillis et sénéchaux par l'édit de Crémieu. Les prévôts étaient les mêmes juges que ceux appelés* châtelains *en quelques endroits et* viguiers *dans d'autres.*

Les auditeurs *étaient les notaires des XIVe et XVe siècles et jusqu'au milieu du XVIe.*

On appelait huissiers, *les officiers judiciaires qui signifiaient les exploits, ajournements, jugements, sentences et arrêts et les mettaient à exécution, chacun selon leur pouvoir.*

On leur donnait ce nóm, parce que leur fonction principale était de garder l'huis et l'entrée de l'auditoire.

Dans l'ordre militaire, *les sergents du Roi, étaient des gentilshommes institués par Philippe Auguste, pour garder sa personne et qui se distinguèrent à la bataille de Bouvines. Quand ils n'allaient pas à la guerre auprès de la personne du Roi, on les faisait châtelains ou gardiens des frontières.* (de Rosny. Rech. gén.)

Les gouverneurs et **maîtres** *des hôpitaux et des couvents, étaient chargés du spirituel de ces communautés. Ils avaient les mêmes fonctions que les aumôniers actuels.*

Dans l'ordre administratif, les premiers magistrats prenaient le titre de mayeurs *ou* maires. *Dans les villes importantes, il y avait plusieurs mayeurs. Ainsi, jusqu'au milieu du XVIIᵉ siècle, Montreuil avait ses trois mayeurs, qui prenaient les noms de premier, vice-mayeur et tiers-mayeur. La municipalité était complétée par les* échevins *et les* conseillers de ville. *Les premiers étaient des officiers municipaux qui administraient les biens communaux et géraient les affaires de la ville. L'échevinage était un tribunal chargé de réprimer les infractions aux ordonnances de police et aux arrêtés municipaux. Les échevins jugeaient au civil et au criminel.* (Baron de Calonne.)

Les conseillers de ville, *étaient presque toujours d'anciens échevins, dont on était heureux de consulter l'expérience, et d'écouter les conseils désintéressés.*

Les sergents à verge, *exécutaient dans les villes les ordonnances des mayeurs et échevins.*

Le commerce avait aussi ses officiers, appelés **prévôts** de la **ghilde.** *Ils étaient à la fois chefs militaires de la corporation, gardiens des privilèges et officiers de la police industrielle. La plupart des marchands avaient le titre d'honorable homme.*

Les pairs, *étaient des vassaux égaux en dignité et dont les fiefs avaient titre de pairie ; par suite, les seigneurs de ces pairies se qualifièrent pairs.*

Les francs-hommes ou hommes de fiefs ou hommes-liges *étaient des possesseurs de fiefs, relevant d'un autre fief. Ils mettaient leurs sceaux, ainsi que le bailli, aux chartes où ils comparaissaient.*

Cet ouvrage n'est pas un nobiliaire mais bien un recueil de notes concernant aussi bien la bourgeoisie que la noblesse : quelques erreurs s'y seront certainement glissées, mais j'espère que le lecteur voudra bien, en raison de l'aridité du travail, m'accorder l'indulgence la plus entière.

10 novembre 1886.

ABRÉVIATIONS.

Reg. des par.	Lire Registre des paroisses.
de Rosny, Rech. gén.	— de Rosny, Recherches généalogiques.
Arm. gén.	— Armorial général.
Not. part.	— Notes particulières.
Gaign.	— Gaignières.
Min. des not.	— Minutes des notaires.
Compt. de Ponth.	— Comptes de Ponthieu.
Ét. Hospit.	— Établissements hospitaliers.
Cart.	— Cartulaire.
Chart. Anc.	— Chartes Anciennes.
Mém. des Antiq.	— Mémoires des Antiquaires.
Cœuill.	— Cœuilloir.
Dern. Baillis.	— Derniers Baillis.
Chart. de Ponth.	— Chartes de Ponthieu.
Arch.	— Archives.
Hist.	— Histoire.
Alm. de Pic.	— Almanach de Picardie.
Nob.	— Nobiliaire
Arch. Nat.	— Archives Nationales.
Baill.	— Bailliage.
Biblioth. nat.	— Bibliothèque nationale.
Aud. de l'Échevinage.	— Audiences de l'Échevinage.
Ms.	— Manuscrits.
Abb.	— Abbaye.
Arch. du dépt.	— Archives du département.
Dict. arch.	— Dictionnaire Archéologique.
Épig.	— Épigraphie.
Chart. part.	— Chartes particulières.
Arg.	— Argentiers.
Dioc.	— Diocèse.
Tit.	— Titres.
Quitt.	— Quittances.
Ext.	— Extraits.

NOTA. Je crois bon de faire observer que les registres des paroisses, les audiences de l'échevinage et de la ville, et les titres de l'Hotel-Dieu, mentionnés dans mon ouvrage, sont ceux de la ville de Montreuil-sur-mer.

NOTES GÉNÉALOGIQUES

SUR

PLUS DE DOUZE CENTS FAMILLES

DES

COMTÉS DE PONTHIEU ET DE MONTREUIL.

A

ABIHEN. — Jean d'Abihen tient un fief et manoir à Nempont et un fief à Beaumont, en 1380. *Compt. de Ponth.*

ABRAHAM. — Antoine Firmin Abraham, de Montreuil, élève du séminaire de Saint-Nicolas du Chardonnet à Paris, en 1775. *Arch. nat.*

ACARY. — Originaire du Boulonnais. — Cette famille qui porte : *d'or, à l'aigle éployée de sable, becquée et membrée de même,* paraît dès la fin du XIIIᵉ siècle. — Jean Acarie, fieffé de la prévôté de Montreuil, comparaît à l'arrière-ban pour la guerre de 1337. *D. Grenier.* — Jacques Acary, écuyer, sieur de la Rocque, capitaine de 100 hommes de pied, gouverneur du châ-teau d'Hucquéliers pour le prince de Tingry, en 1609, député de la noblesse du Boulonnais, pour demander l'exemption des droits de francs-fiefs en 1622, allié à Jeanne de Joigny, dont provenaient les sieurs de Maninghen, alliés aux de Fontaines, du Blaisel, des Groseillers, de Waudricourt, de Béthisy, de le Warde, de Baynast, du Repaire, etc., parmi lesquels étaient Jean Acary, écuyer, sieur de Maninghen, capitaine d'infanterie, gouverneur et bailli d'Hucquéliers et de Tingry, et Jacques, écuyer, sieur de Maninghen, fils du précédent, lieutenant-colonel de chevau-légers au régiment de Montcavrel. *de Rosny, Rech. gén.* — Jean d'Acary, écuyer, sieur de Conteval, gouverneur de Lucheux, allié à Claire Wllart, fille de François, écuyer, sieur de Romont, et de Marguerite de Govigny, d'où entre autres enfants, Robert, écuyer, sieur de Conteval, et Jacques, écuyer, sieur de la Suze, allié en 1683 à Jeanne Polet, dont descendait Claude François Acary de la Suze. *de Rosny.* — Charles Acary, sieur de la Rivière, gendarme de la garde du roi, allié à Anne Madeleine Régnier d'Esquincourt, d'où Henri Dominique, né à Montreuil, le 27 janvier 1745, maréchal des camps et armées du Roi, décédé au château d'Ecuires en 1829. *Not. vart.*

ACCARD. — Catherine Accard, religieuse de l'Hôtel-Dieu de Montreuil, en 1612. *Braquehaye fils, Ét. Hospit.*

ADAM. — Porte : *d'argent au chevron de gueules, chargé de 3 roses d'or, accompagné de 3 couleuvres d'azur, 2 et 1, au chef de gueules.* Waignart. — Adam, abbé de S.-Josse, témoin d'une charte de Jean, comte de Ponthieu, vers 1160. *Léproserie du Val de Buigni.* — Pierre Adam, gouverneur de l'Hôtel-Dieu, en 1379. *Braquehaye fils, Ét. Hospit.* — François, homme d'armes de M. de La Fayette, capitaine de Boulogne, sénéchal du Boulonnais, 24 juillet 1520. *Rôles originaux de Boulogne.*

AILLY. — M. Antoine d'Ailly, chevalier, sieur de Varennes et de Tortencourt, et Jossine, sa sœur, femme de Mᵉ Nicolas de Monchy, écuyer, sieur de Montcavrel. — Philibert avait fief à Bellencourt en 1575. *Compt. de Ponth.*

ALARD. — Originaire d'Abbeville. — Robert Allard, sergent

à verge à Montreuil, 1487. *Cart. de S.-Saulve.* — Jean Alard, sergent royal à Montreuil, en 1548. — Jean, procureur et notaire à Montreuil, fils de demoiselle Marie Descoufflet, remariée en 1579, à M. Le Pottier. — Noble hom. Jean, sieur du Plouy, mayeur de ladite ville de 1642 à 1647, conseiller et procureur, marié le 1ᵉʳ février 1633, à demoiselle Marguerite du Wicquet. Il avait pour frère M. François Alard, notaire et procureur à Montreuil, en 1651. *Min. des not.* — Charles Antoine, natif de Montreuil, élève du Séminaire de Saint-Nicolas du Chardonnet, à Paris, le 17 janvier 1778. *Arch. nat.*

ALÉRY. — Gilois Aléry, tient de Maintenay un fief consistant en une maison à Montreuil, en 1380. *Compt. de Ponth.* — Jacques Alerie, échevin de Montreuil, 1376, Jacques, échevin, 1377. *Cart. de S.-Saulve.*

ALLAIN. — Originaire d'Abbeville. — Mᵉ Pasquier Allain, second mayeur pendant plusieurs années à Montreuil, procureur et notaire en 1591. *de Rosny.* — Pasquier Allain, lieutenant de l'amirauté à Abbeville en 1594. *D. Grenier.*

ALLOY. — Josse Alloy, demeurant à Montreuil, en 1590. — Jacques Aloie et Richarde Le Senne, sa femme, habitant lad. ville, 1596. *Min. des not.* — Mᵉ Louis, curé de S.-Martin d'Esquincourt et chanoine de S.-Firmin-le-Martyr, 1658. *Reg. des par.* — Nicolas, procureur au bailliage de Montreuil, allié à demoiselle Anne du Muret, en 1676, dont : 1° Anne, mariée à Jean-Baptiste Jacquemin, sieur de Châteaurenault, conseiller du Roi et président des traites à Montreuil, d'où postérité ; (Voyez *Jacquemin.*) ; 2° Madeleine ; 3° Marie Jeanne, veuve en 1725, de M. Jacques de Lamotte, avocat en parlement, morte sans enfants. *Min. des not.* — Antoine, chantre de l'Hôtel-Dieu, 1731. — Nicolas Alloy, également chantre en 1758. *Titres de l'Hôtel-Dieu.*

ALOUE. — Jean Aloue, cordier à Montreuil, 1547. *Titres de l'Hôtel-Dieu.*

AMERVAL. — Porte : *d'argent à 3 tourteaux de gueules, 2 et 1.* — Godefroy d'Amerval, lieutenant de la compagnie du sieur de Meigneux, en garnison à Montreuil, en 1594. *Min. des not.*

AMOURRY. — Jean Amourry, bailli féodal, en 1681. *Cart. de S.-André.*

ANDRIEU. — Andrieu, abbé de S.-Saulve, 1419. *Cart. de S.-Saulve.* — Louis Andrieux, demeurant à Estréelles, nommé procureur d'office, de la seigneurie d'Estrée, le 28 octobre 1769. *Dern. baillis.*

ANGLOS. — Charles d'Anglos, chevalier, sieur de Guizaucourt, la Haye, etc., allié à Marie Aricier, d'où Louis, chevalier, sieur desdits lieux, demeurant au hameau de la Haye, diocèse d'Amiens, marié en 1696, à Catherine Le Bon, fille de Michel, écuyer, sieur de la Motte d'Aronde, d'où postérité. *Titres d'Havernes.*

ARGNIS. — Nicolas d'Argnis, bailli de S.-Austreberthe, de Montreuil, en 1507. *Not. part.*

ARNOULD. — Arnould, doyen de chrétienneté à Montreuil, 1276. *Cart. de S.-Josse.*

ARQUES. — Jean d'Arques, lieutenant du prévôt de Montreuil, 17 mars 1465. *Cart. de Gosnay.* — Nicolas d'Arques, auditeur en cette ville en 1501, bailli général de l'abbaye de S.-Austreberthe, en 1507. *Cart. de S.-André.* — Demoiselle Marie Le Villain, veuve de Joseph d'Arcques, sieur de Neuville près Montreuil, en 1569. *de Rosny, Rech. gén.* — Marguerite d'Arques, sœur et héritière de feu Jean d'Arques, sieur de Mussen, présente ses fiefs en la sénéchaussée du Boulonnais, en 1572. *Fiefs du Boulonnais.*

ARRY. — Jacques d'Arry, tient fief de l'abbaye de Saint-Saulve de Montreuil, vers 1400. — Jean, demeurant à Sains, 1510. *Cart. de S.-André.* — Gabrielle Dary, femme en 1724, de messire Nicolas Alexandre du Fay, chevalier, sieur de Sempy. *de Rosny, Rech. gén.*

ASSELIN. — Jacques Asselin, maire de Waben, 1336. *Cart. de S.-Josse.*

ASSONVAL. — Guillaume d'Assonval, écuyer de la compagnie d'Auber, seigneur de Renneval, passe la revue à Montreuil, le 1er mai 1410. *de Rosny, Rech. gén.*

ATTIN. — Hugues d'Attin, en 1201. *Cart. de S.-André.* — Le château d'Attin, près Montreuil, appartenait en 1477 à Galliot du Moulin, en 1505, à Wallerand du Moulin, sieur de Londefort et d'Attin ; avant 1542, à M. Vallentin d'Halluin, chevalier, sieur d'Attin et de Longfossé ; puis, à messire Nicolas d'Halluin, chevalier, sieur de S.-Aubin et de Longfossé, qui avait pour héritière en 1600, Marguerite d'Halluin.

AUBAUT. — Hues Aubaut, bourgeois de Montreuil, en 1370. *Braquehaye fils, Ét. Hospit.*

AUBIN. — Jean d'Aubin, écuyer, 1287, franc homme de S.-Saulve de Montreuil. *D. Grenier, tom. XLVI.*

AUBREMER. — Laurent d'Aubremer, vicaire de l'abbaye de S.-Josse-sur-mer, 1584. *Cart. de S.-Josse.*

AUCHY. — Fief d'Auchy à Antoine de Ray, en 1630. *de Rosny, Rech. gén.*

AUCOSTÉ. — Nicolas Aucosté, procureur général de Me Nicaise Hourdel, à Montreuil, en 1481. *Not. part.*

AUGRIN — Wiard Augrin, procureur du roi en la châtellenie de Beaurains, en 1371. *Cart. de S.-André.*

AULIÈVRE. — Agnès Aulièvre, tient un fief et manoir, au chemin de Verton, en 1382. *Compt. de Ponth.*

AUSTE. — Adam d'Auste est témoin d'une donation à l'abbaye de S.-André-aux-Bois, en 1185. *Cart. de S.-André.*

AUTEVILLE. — Robert de Auteville, vers 1469. *Cart. de S.-Josse.*

AUTHIE. — Jean d'Authie, procureur général et messager spécial, à Montreuil, en 1434. *de Rosny, Rech. gén.* — Jean d'Authie, bailli de S.-André-aux-Bois, 17 novembre 1466. *Cart. de lad. abbaye.*

AUX ANNEAUX. — Marguerite aux Anneaux, demeurant à Montreuil, en 1575. *Min. des not.*

AUX ENFANTS. — Nicolas aux Enfants, demeurant à Montreuil, 1595. *Min. des not.*

AUXY. — Guillaume d'Auxy déclare en la sénéchaussée du Boulonnais deux fiefs tenus de Marle et de Montcavrel, en 1572. *Fiefs du Boulonnais.*

AVESNES. — Seigneurie d'Avesnes, tenue du bailliage d'Étaples, appartenant en 1600, à Jean de Monchy, chevalier.

AZINCOURT. — Porte : *d'argent à l'aigle à 2 têtes de gueules, membré d'azur.* — Mathieu d'Azincourt, écuyer de la compagnie d'Aubert de Renneval, chevalier, passe la revue à Montreuil, le 1er mai 1410. *de Rosny, Rech. gén.* — Regnault d'Azincourt est nommé capitaine et bailli d'Hucqueliers et de Tingry, en 1437. *Van der Haer.*

B

BACHELLE. — Rimbert Bachelle, échevin de Montreuil, 1173. *Chart. Anc.*

BAILLET. — François Baillet, curé d'Écuires, 1712. *Not. part.* — Jacques Baillet, curé de Berk, 1760. *Id.*

BAILLIENCOURT. — Georges de Bailliencourt, dit Courcol, prieur du couvent des Carmes, à Montreuil, 1784. *Braquehaye fils, Ét. Hospit.*

BAILLON. — Enguerrand de Baillon, paraît en 1221, son sceau porte un écu en cœur et un lambel. *Cart. du Gard.* — Béguin, homme lige de la pairie de Drucat, 22 octobre 1378. *Cart. de Ponth.* — Jean, curé de Ligny, 1528. *Braquehaye fils, Ét. Hospit.* — Jean, demeurant à Cormont, 1586. *Min. des not.* — Charles Baillon, à Montreuil, mari d'Antoinette Sergent, a eu Nicolas, Oudart, Charles marié à Anne Deswaguets, 1663 et Jeanne, supérieure de l'Hôtel-Dieu S.-Nicolas. Led. Nicolas allié à Marie Malherbe, dont deux enfants : A. — François, mari en premières noces de Nicolle Rossignol, décédée sans postérité, et en secondes noces de Justine Françoise Duhamel, d'où : 1° Jacques Césaire Baillon de Lépinet, chevalier de S.-Louis, capitaine commandant la division des canonniers de la côte maritime de Picardie, allié en 1776, à demoiselle Élisabeth de Lhomel, décédée sans postérité ; 2° Justine Françoise, femme de Jérôme de Lhomel, vice-mayeur de Montreuil en 1758, sieur du Grand-Jardin, décédée également sans postérité ; 3° François Louis Auguste, conseiller du roi, bailli royal et prévôtal de Waben, marié à Marie Noëlle de Lamotte, d'où : *a.* Jean François, conseiller du roi, bailli de Waben, marié le 17 juillet 1776 à demoiselle Marie Clabaut Bauclar, d'où postérité ; *b.* Antoine Jérôme ; *c.* Louis Nicolas, notaire et procureur au bailliage de Montreuil, allié le 14 février 1776 à demoiselle Marie Nicolle Françoise Duhamel. — B. Madeleine, femme de Claude Poultier, d'où postérité. (Voyez *Poultier.*)

LE BAILLY. — Ancel Le Bailly, allié à Marguerite Hédoul, demeurant à Montreuil, 1581. *Min. des not.*

BAINCTHUN. BAINCTUN. — Porte : *d'argent à trois cors de chasse de gueules.* — Guillaume de Baincthun, demeurant à Airon N.-D., en 1379. *Braquehaye fils.* — Le 2 août 1460, à Montreuil, mariage de demoiselle Isabeau de Bainctun, fille de Pierre, écuyer, avec Philippe Chinot, écuyer, homme d'armes, fils de Jérôme, écuyer. *de Rosny, Rech. gén.*

BAINE. — Frère Jean Baine, procureur des religieux de S.-André-aux-Bois. *Cart. de lad. abbaye.*

BAIZIEUX. — La seigneurie de Baizieux était en 1620 aux de Rune, en 1680 aux Blondin de Baizieux, *de Rosny, Rech. gén.*

BALEINIER. — Guillaume Baleinier, bailli de Beaurain, et Girard, son fils, 1206. *Cart. de S.-André.*

BARAS. — Robert de Baras, propriétaire d'une maison sise rue du Paon, 1215. *Braquehaye fils, Ét. Hospit.*

BARBION. — Arnoul Barbion, prieur de S.-André-aux-Bois. *Cart. de lad. abbaye.*

BARDON. — Jeanne Bardon, religieuse de l'Hôtel-Dieu de Montreuil, vers 1686. *Braquehaye fils, Ét. Hospit.*

BARNE. — Willaume Barne, homme de Beaurain, 1253. *Cart. de S.-André.*

BARRE. — Fief de la Barre à Waben, tenu du Roi, acquis en

1619, par messire Charles d'Ailly, de M. François Sallé, demeurant à Montreuil. — Il passa des d'Ailly aux Roussé. *de Rosny, Rech. gén.*

BASSECOURT. — Porte : *d'azur à 3 bandes d'or, chargées de 3 maillets de gueules.* — Claude de Bassecourt, écuyer, lieutenant du bailli d'Hesdin en 1594. *Cart. de S.-André.*

BAUDE. — Jean Baude, homme de pied au châtel d'Étaples, en 1353. *Titres scellés.*

BAUDELICQUE. — Guillaume Baudelicque, demeurant à Montreuil, père de Gilles, sergent au bailliage de Montreuil, et d'Antoine, notaire royal à Étaples, 1594. *Min. des not.*

BAUDELLE. — Alexandre Baudelle, greffier civil et criminel du bailliage de Montreuil, mari de Marie Anne du Riez, en 1726. *Min. des not.*

BAUDRICOURT. — Guillaume de Baudricourt, 1577. *de Rosny, Rech. gén.*

BAYART. — Henry Bayart, échevin à Montreuil, 1209. *Chart. Anc.* — Thomas Bayart, demeurant à Étaples, mari de demoiselle Marguerite du Bos, et oncle de Jeanne Rifflart, alliée le 26 avril 1578, à Nicolas de Leaue. *Min. des not.* — Marguerite Bayart, veuve de Philippe Gallot, 1592. *Id.* — Mᵉ Antoine, chapelain du couvent de S.-François à Montreuil, 1592. — Mᵉ Adrien Joseph Bayart, curé de Campigneulles-les-Grandes, 1772. *Arch. de Boulogne.*

BAYONNE. — Foulques de Bayonne, échevin de Montreuil, 1209. *Chart. Anc.*

BEAUCORROY. — Pierron de Beaucorroy, demeurant à Montreuil, reçoit des lettres de la comtesse d'Artois en 1308. *Compt. de Calais.* Il est qualifié bailli de S.-Omer, avant 1312. *Cart. de S.-Bertin.* — Gérard de Beaucorroy, homme de pied au châtel d'Étaples, en 1353. *Titres scellés de Clérembaut.* — Antoine Fiérard, sieur de Beaucoroy, 1684.

BEAUGRAND. — Philippe de Beaugrand, gouverneur de

l'Hôtel-Dieu de Montreuil, de 1594 à 1603. *Braquehaye fils,*
Ét. Hospit.

BEAURAIN. — M⁰ Ernoul de Beaurain, doyen de S.-Firmin
de Montreuil, et vicomte de l'église S.-Saulve en 1297. *D.*
Grenier. — Guérard, moine de S.-Saulve, 1518. — Jean, demeurant à Nempont-S.-Martin, 1585. *Min. des not.*

BEAUREPAIRE. — Areillet de Beaurepaire et Flour de
Beaurepaire, écuyers de la Compagnie de Aubert de Raynneval,
chevalier, passent la revue à Montreuil, le 1ᵉʳ mai 1410. *de*
Rosny, Rech. gén.

Seigneurie de Beaurepaire, près Montreuil, achetée vers
1600 par Pierre de Boulogne qui s'établit à Montreuil, et possédée par ses descendants. — Fief de Beaurepaire, à François
Durre, écuyer en 1697.

BEAUVILLE. — Toussaint de Beauville, demeurant à Sorrus,
1574. *Min. des not.*

BEAUVISAGE. — Sire Jean Beauvisage, chapelain du château de Brimeux, 1584. — Josse, curé et propriétaire de
l'église S.-Valloy, 1626. *Min. des not.*

BEAUVOIR. — Ferry de Beauvoir, évêque d'Amiens, chassé
de sa ville épiscopale par Louis XI, choisit pour lieu de retraite
l'Hôtel-Dieu de Montreuil, en 1472. *Braquehaye fils, Ét. Hospit.*

BÉCOURT. — Fief de Dignopré, sis à Bécourt, à M. Le
Noir, sieur de la vicomté de Montreuil en 1789.

BECQUELIN. — M. Mathieu Becquelin, abbé de S.-Saulve,
en 1518. *Cart. de S.-André.* — Antoine, mercier à Montreuil,
1637. *Min. des not.* — Louis Marie Joseph, élève du séminaire
de S.-Nicolas du Chardonnet, à Paris, le 30 septembre 1782.
Arch. nat.

BECQUEREL. — Gauthier de Becquerel, échevin de Montreuil en 1209. *Chart. Anc.*

BECQUET. — En Vimeu. — Porte : *d'argent frêté d'azur et*
de gueules. Waignart. — Wautier Becket, vivant en 1167. *Cart.*

de S.-André. — Jean Bekes de Ray doit hommage à l'abbaye de Dommartin en 1250 et Hugues Bekes lui doit un septier d'avoine et un quart de blé. *de Rosny.*

Les Becquet ont vécu en gentilshommes dans le Vimeu où ils possédaient beaucoup de biens à Martaigneville-les-Bus et au Plouy. Une tradition faisait sortir de cette famille saint Thomas de Cantorbéry. — Thomas Becquet, sieur de Foulloy, 1310. *Darsy.* — Jean Becquet, homme d'armes sous Mgr d'Estouteville de Torcy en 1451. *Gaign.*

Noble homme François Becquet, mayeur de Montreuil, allié à Marie Gabrielle Enlart, le 10 novembre 1695, père de 1° Jean Baptiste François Antoine, lieutenant général de Montreuil, marié le 11 mai 1726 à Anne Madeleine Jacquemin de Château-renault d'où, entre autres enfants, Marie Jeanne Austreberthe, alliée le 18 juillet 1757 à messire Louis Henri Ferdinand de Riencourt, chevalier, sieur de Tilloloy, Vaux, Arleux et autres lieux, fils de messire Louis Ferdinand et de feue Jeanne Marguerite Ternisien, d'où : François Marie Ferdinand, né en 1759, et Louise Alexandrine Sophie née en 1761 ; 2° Nicolas Henri, né en 1699 ; 3° Marie Anne, alliée le 3 février 1724, à noble hom. Gilles Gaspard de Lhommel, sieur du Coulombier, conseiller du Roi, lieutenant-général de police à Montreuil, d'où Gilles Henri né en 1725.

BÉDIERS. — Pierre Bédiers, procureur du mayeur de Waben, 1336. *Cart. de S.-Saulve.*

LE BEL. — Mᵉ Philippe Le Bel, curé et propriétaire de l'église S.-Jacques, à Montreuil, en 1668. *Reg. des par.*

BÉLART. — Jean Bélart, demeurant à Gouy, 1510. — Mᵉ Jacques Bélart, procureur à Montreuil, 1592-1609. *Cart. de S.-André.* — Étienne, père de Jacques, notaire à Montreuil, marié en 1583 à Madeleine Caisier, veuve d'h. h. Jean Lesseline, échevin de Montreuil, 1572. — Nicolas, adjoint procureur en la sénéchaussée de Ponthieu, mari de Marguerite Foucart. *Min. des not.*

BELAUD. — Jeanne Belaud, femme de Jacques de Sains, père de Nicole de Sains, gouverneur de l'Hôtel-Dieu, vers 1495. *Braquehaye fils, Ét. Hospit.*

BELLEDAME. BELLEDAINE. — Originaire de Montreuil. — Porte : *d'or à une croix d'azur chargée en cœur d'une croisette d'argent.* Arm. gén. de France. — Barbe de Belledaine, religieuse de l'Hôtel-Dieu de Montreuil, vers 1690. *Braquehaye fils, Ét. Hospit.* — Demoiselle Jeanne Belledame, fille de noble hom. Isaac et de Catherine de Sarton, alliée en 1597, à noble hom. François de Poilly, mayeur de Montreuil en 1623. *Not. part.* — Nicolas Belledame, échevin en 1548, mari de demoiselle Jacqueline Wallois, veuve en 1585, et Isaac, échevin en 1582. *Not. part.*

BELLEVAL. — Jacques de Belleval, écuyer, et Nicolle Rivet, sa femme, demeurant au Temple, 1595. *Min. des not.*

BELLIN. — Nicolas Bellin, notaire à Montreuil, en 1591 et Gabrielle, sa fille, veuve de Mᵉ Jacques Heuzé, en 1642. *Cart. de S.-André.* — Sire Jean Bellin, prêtre, 1595. *Min. des not.* — Péronne, veuve de Noel Queval, ancien échevin de Montreuil, 1626. *Id.*

BELLOYS. — Bertrand de Belloys tué à Azincourt, en 1415. *Monstrelet.* — Gabriel de Belloys, à Montreuil, en 1595. *Min. des not.* — Demoiselle Barbe du Belloy, veuve d'Antoine du Quesnoy, écuyer, sieur dud. lieu, et mère d'Antoine, écuyer, 1591. *Id.*

BELLYCOURT. — David de Bellycourt, tenant la poste pour le Roi à Montreuil, en 1578. *Min. des not.*

BÉNART. — N. Bénart, greffier de l'échevinage de Montreuil, en 1682. *Braquehaye fils, Ét. Hospit.*

BÉNAULT. — Claude Bénault, procureur et conseiller à Montreuil en 1579, notaire en 1591. *Min. des not.*

BENOIST. — Jean Benoist, mari d'Anne Tranchart, d'où : Marie, alliée à Jean Pélart, marchand à Montreuil, Charles et Nicolle, femme de Guillaume Le Faure, à Montreuil, en 1689. *Min. des not.*

BENSERADE. — Louis Benserade, tient un fief à Airon, en 1575. *Fiefs de Ponth.*

BÉRARD. — Marguerite Bérard, d'Airon, tient un fief et manoir à Airon, en 1380. *Compt. de Ponth.*

BERMON. — Jean Bermon, échevin de Montreuil, 1681. *Arch. de la ville.* — M° Jean, curé de S.-Valois et doyen de chrétienneté à Montreuil, 1686. *Reg. des par.*

BERNARD. — Philippe Bernard, tient fief de Wailly, 12 mai 1378. *Titres de Ponth.*

BERNASTRE, — Lancelot de Bernastre, tient en 1477, un fief sis à Airon-S.-Vast, appartenant à l'Hôtel-Dieu de Montreuil. *Braquehaye fils, Ét. Hospit.*

BERNES. — Dame Anne de Roussent, femme de François de Bernes, sieur de la Comté, teste le 22 avril 1714. *Min. des not.* (Voyez la généalogie de cette famille dans les Rech. gén. de M. de Rosny.)

BERNIEULLES. — Porte : *d'or à une croix de gueules anchrée d'argent en 1350.* Du Cange. — Le seigneur de Bernieulles, fieffé de la prévôté de Montreuil, comparaît, *lui tierch,* pour la guerre en 1337. *D. Grenier.* — Adrien, chevalier, tué à la bataille d'Azincourt. — Ide, fille de Jean, sieur et baron, et d'Ide d'Abbeville, alliée vers 1470 à M. Honoré, sieur de Marles-les-Montreuil. *de Rosny, Rech. gén.*

BERQUEM. — Colaye de Berquem, demeurant à Montreuil, propriétaire de la maison appelée L'Écu de Ponthieu, le 13 novembre 1554. *Compt. des marguilliers de N.-D.*

BERQUERIE. — Jean de la Berquerie, fait don à l'Hôtel-Dieu, de plusieurs rentes, en 1396. *Braquehaye fils, Ét. Hospit.* — Demoiselle Jeanne de la Berquerie, femme de Pierre d'Arras, lègue à l'Hôtel-Dieu un fief à Capelle-S.-Josse, en 1417. *Id.*

BERRY. — Raoul de Berry, orfèvre, à Montreuil, 1595. —

Robert, ancien tiers mayeur de lad. ville, en 1632. *Min. des not.*

BERSIN. — Hue de Bersin, auditeur à Montreuil en 1478. — François, notaire à Montreuil en 1526, bailli de S.-André-aux-Bois en 1589. *Cart. de S.-André.* — Mariette de Bersin, 1569. Me Nicolas Bersin, écuyer, sieur de Fernehen-les-Bus et de la Folie, tient fief à Airon-S.-Vaast en 1575. Il était procureur du roi à Montreuil et mari de demoiselle Marie d'Ostrel, en 1569. — Jean Bersin, écuyer, sieur de Fernehen, tient plusieurs fiefs de l'abbaye de S.-Josse, en 1587. *Ter. de lad. abbaye.*

BERTIN. — Pierre de Bertin de S.-Michel, écuyer, tient de Waben un fief à Montreuil, en 1380. *Compt. de Ponth.*

BERTON. — Girard de Berton, échevin de Montreuil, 1209. *Chart. Anc.*

BERTOULT. — Jean Bertoult, sellier à Montreuil, en 1542. *Braquehaye fils, Ét. Hospit.*

BERTRONVAL. — Fief de Bertronval, tenu du roi à cause du bailliage de Waben, par Simon de Wargnies, écuyer en 1378. *Compt. de Ponth.* — M° de Bertronval, prêtre et chanoine de S.-Firmin, en 1688. *Arch. de la ville.*

BÉTHENCOURT. — Marguerite de Béthencourt, religieuse de l'Hôtel-Dieu de Montreuil, vers 1464. *Braquehaye fils, Ét. Hospit.* — Andrieu, sieur de Monguillain, vice-mayeur de Montreuil, 1572. *Arch. de la ville.*

BIARÉ. — Jacques Biaré, doyen des prévôts en l'échevinage, 1744. *Reg. des par.* — Marie-Madeleine de S.-François, religieuse de l'Hôtel-Dieu, 1744. *Braquehaye fils.* — M° Biaré, curé d'Alette et Charles Étienne, élève au séminaire de S.-Nicolas du Chardonnet, à Paris, le 27 août 1762. *Arch. nat.* — Marie Marguerite Élisabeth, de S.-Nicolas, religieuse de l'Hôtel-Dieu, 1770. *Braquehaye fils, Ét. Hospit.* — M. Biaré, marguillier de N.-D., 1775. *Not. part.*

BIENCOURT. — Porte : *de sable au lion d'argent armé et*

lampassé de gueules. — Godefroy de Biencourt, abbé de S.-Saulve de Montreuil en 1554. *Vu.*

BIEZ. — Porte : *d'or à 3 fasces de sable surmontées en chef de 3 merlettes de sable rangées en fasce.* (Voyez la généalogie de la maison du Biez, dans Moréri.) — Jean du Biez, fieffé de la prévôté de Montreuil, est convoqué pour la guerre en 1337. *D. Grenier.*

BIGANT. — Porte : *d'azur à la fasce d'argent, chargée de 3 coquilles de sable et accompagnées de 3 besans d'or, 2 et 1.* — Demoiselle Madeleine Courtin, veuve de Jean de Bigant, écuyer, sieur de Carrois, demeurant à Montreuil, en 1660. (On trouve une généalogie des Bigant dans le Nob. de Picardie.)

BIGOURD. — François Bigourd, échevin de Montreuil en 1705. *Reg. de l'échevinage.*

BILQUE. — Isabeau de Bilque, fille de Colart et veuve d'Esmont de Brimeux, demeurant à Montreuil en 1478. *de Rosny, Rech. gén.*

BIMONT. — Jean de Bimont, sergent du Roi à Montreuil en 1308. *Compt. de Calais.* — Fief de Campagnette, sis à Bimont, appartenant à la famille de Montbrun, depuis 1518. *Dict. arch. du Pas-de-Calais.* — Jean de Bimont, écuyer, sieur de Fernehen en 1577.

BLAISEL. BLAIZEL. — Originaire du Boulonnais. — Porte : *d'hermines à 5 losanges de gueules mis en fasce.*

Jean du Blaizel, écuyer, sieur de Pinctun, fils d'Arthus, sieur de Lariel et de Denize de Thubeauville, allié le 25 janvier 1637 à Montreuil, à Jeanne Disque, fille de feu Paul, écuyer, sieur du Molinel et de Louise Saget. *Not. part.* (Voyez la généalogie de cette famille dans les Rech. gén. de M. de Rosny.)

LE BLANC. — Eugène Le Blanc, procureur des Carmes à Montreuil, en 1784. *Braquehaye fils, Ét. Hospit.*

BLANGY. — Porte : *d'argent au lion de gueules.* — Jean de

Blangy, fieffé de la prévôté de Montreuil, est convoqué pour la guerre en 1337. *D. Grenier.*

BLARIE. — Marie Blarie, maîtresse de l'Hôtel-Dieu. *Titres dud. Hôtel-Dieu.*

BLASSEL. — Antoine Blassel, vicomte de S.-Josse, en 1583. *Min. des not.*

BLAUD. — Pierre Blaud, lieutenant du bailli de Beaurain en 1619. *Cart. de S.-André.*

BLÉQUIN. — Porte : *d'or à une quintefeuille de sable.* — Willaume et Jean de Bléquin, fieffés de la prévôté de Montreuil, comparaissent pour la guerre en 1337. *D. Grenier.*

BLOCQ. — Adrien du Blocq, curé de Sorrus, 1593. *Min. des not.*

LE BLOND. — M° Louis Le Blond, curé de Maintenay, desservant le fief de Gilles de Lhomel, sieur de Cauchie, en 1588. *Not. part.* — Sœur Leblond, de S.-Louis, supérieure des Sœurs grises, à Montreuil, en 1766. *Braquehaye fils, Ét. Hospit.*

BLONDEAU. — Pierre François Marie Blondeau, élève du séminaire de S.-Nicolas du Chardonnet à Paris, le 14 octobre 1782. *Arch. nat.*

BLONDEL. — Porte : *de gueules à l'aigle éployée d'argent.* — Pierre Blondel, écuyer, sieur de Fresnes et de la prévôté de Villers-sur-Authie, demeurant à Montreuil en 1575, allié à Antoinette du Bos, d'où 7 enfants. *de Rosny, Rech. gén.* — Claude Blondel, religieuse novice de S.-Austreberthe, en 1576. *Min. des not.* — Jérôme Blondel, religieux de l'abbaye de S.-Josse-sur-mer, 1595.

BLOVILLE. — Ernoul de Bloville, échevin de Montreuil, 1294. *Cart. de S.-Josse.* — Landry, sieur de Bloville, donne à l'abbaye de S.-André-aux-Bois sa ferme de Bloville, vers 1168. — Wille et Ernoul de Bloville, francs hommes de S.-Saulve de Montreuil en 1287. *D. Grenier, vol. 46.*

La ferme de Bloville appartenait aux Leblond qui l'avaient

acquise pendant la Révolution, elle est aujourd'hui à la famille de Lhomel, de Montreuil.

BOCQUET. — Honorine Bocquet, novice de l'abbaye de S.-Austreberthe, 1577. *Cart. de S.-André.* — Jeanne, veuve de Jacques Lefebvre en 1723, d'où Jacques, capitaine au régiment de Vendosme infanterie, chevalier de l'ordre royal et militaire de S.-Louis. *Not. part.*

BOETIN. BEUTIN. — Hugues de Boetin, échevin de Montreuil, en 1209. *Chart. Anc.* — Pierre de Boetin, écuyer, sert aveu de deux fiefs à Wailly, au seigneur de Maintenay, le 12 mai 1376 et tient un arrière-fief de celui du Bois de Rouverel. *Chart. de Ponth.*

BOIS. — Toussaint du Bois, curé de Verton, en 1613. *Min. des not.*

BOIS RATEL. — Fief et hameau près d'Enquin, à François de Sempy en 1575. *Fiefs de Ponth.*

BOITEL. — Germain Boitel, chirurgien de l'Hôtel-Dieu, 1668. — Josse, chirurgien dud. Hôtel-Dieu, 1722 à 1764. — Germain, docteur en médecine, fils de Germain et de Madeleine Moturier, allié le 19 avril 1768, à Catherine Austreberthe Hacot.

LE BON. — Porte : *de sinople à 3 cigognes d'argent, 2 et 1, becquées et membrées d'or, à l'écusson échiqueté d'argent et d'azur, sur le tout.* Waignart. — Foulques le Bon, échevin de Montreuil, 1209. *Chart. Anc.* — Philippe, archer sous messire Oudart du Biez, 1526. *Gaign.* — Philippe, garde du scel à Montreuil, en 1529, mari de Jossette de Pierremont et père de Jean, Martin, sieur de la Vacquerie, licencié ès-lois, ancien mayeur 1570, allié à Catherine Bontemps, veuve en 1575 et probablement père de Jacques, marié à Jeanne Aubin, d'où : 1° Gilles, veuf en premières noces d'Agnès Candelier, 1587, dont Marguerite et en secondes noces de Péronne Dieu, 1588, et en dernières noces de Antoinette Desmaretz, 1594 ;

2° Pierre ; 3° François ; 4° Anne, femme de Michel de Macquinghen. *Not. part.* — Antoine Le Bon, échevin de Montreuil, 1569. — M⁰ Loys, greffier du siège royal de Waben, 1592. *Id.*

BONI. — Gérard de Boni, chevalier, témoin d'une charte de Hugues Colès de Beaurains en 1210. *Arch. de S.-Austreberthe.*

BONNIER. — Charles Bonnier, marguillier de l'église N.-D. à Montreuil, 1590. *Min. des not.*

BONTECOURT. — Guillaume de Bontecourt, prévôt de Montreuil, 1336. *Cart. de S.-Saulve.*

BOS. — Jean du Bos, notaire à Montreuil en 1554. — Demoiselle Péronne du Bos, femme de Grégoire de Lhommel, teste en 1636. *Min. des not.*

BOSQUILLON. — Jean Bosquillon, licencié ès-lois, receveur du domaine d'Hesdin pour l'Empereur, 1520 à 1529. *Baill. d'Hesdin.* — Jacques, mari de Péronne Bellart, et Adrien, son frère, notaire royal à Montreuil, 1627. *Arch. de la ville.* — Adrien, sieur du Plouy, allié à Jeanne Halgout, d'où Bertrand, procureur en la sénéchaussée du Boulonnais, et Adrien Jean Antoine, sieur du Plouy, vice-mayeur de Boulogne en 1714, marié à Marie Jeanne Boucher. *Id.* — M⁰ Claude, procureur au bailliage de Montreuil, et Suzanne Prévost, sa femme, qui était sœur de Marie, mariée à Antoine Cailleu, sieur du Frien et de Louise, épouse de Jean de Poilly, 1693. *Not. part*

BOUCHART. — Nicolas Bouchart, sergent royal du bailliage de Waben, 1585. *Braquehaye fils, Ét. Hospit.*

BOUCHEL. — Roger Bouchel, écuyer, sieur de Bertinghen, dit *Pigot,* enseigne de gens de pied, en garnison à Montreuil, en 1618. *de Rosny, Rech. gén.*

BOUCHER. — Porte : *d'azur à un pal d'argent, chargé d'une merlette de gueules.* Arm. gén. de France. — Robert Boucher, prêtre et curé de S.-Josse au Val, 1595. *Min. des not.* — Gérard procureur à Montreuil, 1637. — Adrien, avocat dans lad. ville,

mari de Catherine Dargnies, mort en 1706. *Arch. de la ville.*
— Gilles, natif de Montreuil, au séminaire de S.-Nicolas du
Chardonnet, 1678. *Arch. nat.* — Henri, sieur de Rambures,
allié à Jeanne Carmier, 1734. *Min. des not.*

LE BOUCHER. — Oilard Le Boucher, échevin de Montreuil,
1209. *Chart. Anc.* — N. Le Boucher d'Orsay, abbesse de S.-
Austreberthe, en 1733. *Braquehaye fils, Ét. Hospit.*

LE BOUCQ.— M. Jean Le Boucq, prêtre et chanoine, à Montreuil, en 1571. *Fiefs du Boulonnais.*

BOUDOU. — A Montreuil. — Charles Boudou, mari de Jeanne
de La Marre, et père de Louis, allié en 1664, à Anne Coupier,
d'où : 1° Marguerite Austreberthe, femme de Jean-Baptiste Le
Prêtre, d'où postérité. (Voyez *Le Prêtre ;*) 2° Charles ,trésorier
de l'extraordinaire des guerres, et mayeur de Montreuil, 1723,
3° Jeanne, supérieure des Sœurs grises dans lad. ville, en
1718 ; 4° Marie Anne, religieuse de l'Hôtel-Dieu de Montreuil,
en 1718 ; 5° Louis, ancien échevin en 1725, allié à Jacqueline Le
Prêtre, d'où : Jean-Baptiste Louis, demeurant à Orléans, 1723
et Charles François, avocat en parlement, sieur de la Couronne,
marié en 1744, à Jeanne Dauphin, d'Étaples. *Not. part.*

BOUFFLERS. — Aléaume de Boufflers, tenait la vicomté de
Montreuil en 1373. Il fut fait prisonnier à Azincourt. *de Rosny.*
— Jacqueline de Boufflers, religieuse de S.-Austreberthe, en
1575. *Min. des not.*

LE BOUGONNIER.— Guillaume Le Bougonnier, marchand
à Montreuil, vers 1477. *Braquehaye fils, Ét. Hospit.*

BOULANGER. — Waléry Boulanger, échevin de Montreuil,
1575. — D. François, religieux de S.-Josse-sur-mer, 1618.
Lefils. Hist. de Montreuil.

BOULLAYE, — Mᵉ Samuel de la Boullaye, curé de Campigneulles-les-Petites, teste en 1677. *Not. part.*

BOULLENOIS.—Thomas de Boullenois, demeurant à la Calotterie, en 1580. *Min. des not.*

BOULLONGNE.—Originaire d'Abbeville.—Porte : *de gueules à la croix pleine d'argent, 1 et 4 un oiseau éployé d'argent, au 2 et 3 une licorne rampante d'argent.* Waignart. — Antoinette de Boullongne, femme de Robert Candelier et mère d'Agnez, alliée à Gilles Le Bon, à Montreuil, 1584. (Voyez *Le Bon.*)— Gabrielle, sœur religieuse de l'Hôtel-Dieu, 1621. — Pierre, propriétaire de la ferme de Beaurepaire, 1622. *Braquehaye fils, Ét. Hospit.* — Daniel, ci-devant capitaine d'une compagnie de gens à pied, veuve de Suzanne de Haffrengue, remarié en 1637, à Jeanne Cocquerel, veuve de Claude de Sarton. *Min. des not.* — François, sieur du Halloy, 1668. *Id.*

Fief à Beauchain, appartenant à Adrien de Boullongne, mayeur d'Abbeville, en 1677. *de Rosny.* — L'abbé Boulogne, prêtre habitué de l'Hôtel-Dieu de Montreuil, 1762. *Braquehaye fils, Ét. Hospit.*

BOUQUEDEPOIS. — Jeannet Bouquedepois, bourgeois de Montreuil, vers 1563. *Braquehaye fils, Ét. Hospit.*

LE BOURGEOIS. —Jean Le Bourgeois, demeurant à Montreuil, en 1398. *Braquehaye fils, Ét. Hospit.*

BOURNONVILLE. —Jean de Bournonville, dit *Châtel,* chevalier, sieur de Rinquessen, de Crontes et d'Hourecq, fait chevalier à Montreuil, en 1410, gouverneur du château de Desvres. *de Rosny, Rech. gén.*

BOURS. — Ernoul de Bours, bourgeois et garde du scel de Montreuil, en 1368. — Jacques, échevin, tient fief et vicomté du bailliage de Waben, en 1377. *Compt. de Ponth.*—Nicolas de Bours, licencié ès-lois, sieur d'Ivregny et de Monflon, près Fiennes en Boulonnais, bailli de l'abbaye de S.-Saulve de Montreuil, en 1507, demeurant à Montreuil. — Pierre, mayeur de Montreuil, 1459. *Titres de l'Hôtel-Dieu.*

BOUSSART. — Colart Boussart, auditeur en 1410 et procureur général à Montreuil en 1434. *D. Grenier.*

BOUSSAT. — D. Boussat, religieux du couvent des Carmes

de Montreuil, confesseur des sœurs de l'Hôtel-Dieu, vers 1660. *Braquehaye fils, Ét. Hospit.*

BOUVELINGHEN. — Marguerite de Bouvelinghen, seizième abbesse de S.-Austreberthe de Montreuil en 1278. *Titres de lad. abbaye.*

BOUVERIE. — Berthelot de la Bouverie, est nommé receveur d'Étaples, du Chocquel et d'Hardelot en 1422. *Arch. de Lille.*

BOVERY. — Sire Jacques Bovery, prêtre habitué à Montreuil, en 1683. *Braquehaye fils, Ét. Hospit.*

BOVES. — Colart de Boves, prévôt de Montreuil, 1384. *Cart. de S.-Saulve.*

BRANLY. — Jacques Branly, sieur d'Orsay, lieutenant réformé dans le régiment Duc de Noailles cavalerie, demeurant à Montreuil, en 1725. *Min. des not.*

BRAQUEHAYE. — Michel Braquehaye, né à Montreuil, le 28 octobre 1786, mort le 2 janvier 1862. Il est l'auteur de *l'Interdit*, qui lui valut les félicitations de Balzac. *Dict. Hist.*

BREFFORT. — N. Breffort, chirurgien à Montreuil, en 1781. *Reg. des par.*

BRESDOUL. — Porte : *d'azur au chevron d'argent, accompagné de 3 têtes de lion, arrachées d'or et lampassées de gueules.* Waignart. — Sœur Louise Charlotte de Bresdoult, religieuse de l'Hôtel-Dieu, vers 1727. *Braquehaye fils, Ét. Hospit.* (Voyez la généalogie de cette famille dans les Rech. gén. de M. de Rosny.) — N. de Bresdoult d'Authie, mayeur de Montreuil, 1766. *Arch. de la ville.* — Scipion Bresdoul, écuyer, sieur de Neuvilette, demeurant au pas d'Authie, père de Philippe Bresdoul, écuyer, 1575. *Min. des not.*

BRESSE. — Édouard de Bresse, propriétaire d'une maison à Montreuil, avant 1200. *Braquehaye fils, Ét. Hospit.*

BREZIER. — Pierre Brezier, procureur et conseiller en la Cour du Roi, à Montreuil, 1420. *Cart. de S.-Saulve.*

BRIANSON. — Jean Brianson, échevin de Montreuil, en 1568. *Arch. de la ville.*

BRICQUET. — Pierre Bricquet, procureur de l'abbaye de S.-Saulve, 1444. *Cart. de S.-Josse.*

BRIMEUX. — Fief d'Assieu, avec droit de vicomté, tenu du Roi, appartenant à David de Poix, écuyer, sieur de Brimeux, en 1377. *Compt. de Ponth.*

BRISSE. — Colart Brisse, auditeur à Montreuil, en 1362. *Cart. de S.-André.*

BRISSET. — Jean Brisset, demeurant à Wailly, 12 mai 1376. *Chart. de Ponth.*

BROCQUIER. — François Brocquier, écuyer, sieur de Bellavesne, en garnison à Montreuil, 1585. *Min. des not.*

BROUCQ. — N. Broucq, chanoine régulier et receveur de l'abbaye de S.-Marie de Ruisseauville, 1762-1765. *Quitt. de lad. abbaye.*

BROULLIN. — Guillebert Broullin, échevin de Montreuil, en 1584. *Arch. de la ville.*

BROUSSIN. — André Broussin, vend à l'Hôtel-Dieu de Montreuil, 12 mesures de terre situées à S.-Michel, 1739. *Titres de l'Hôtel-Dieu.*

BROUSTA. — Saulve de Brousta, prévôt de la ghilde à Montreuil, le 15 décembre 1575. *Min. des not.*

BROUSTAL. — Jacques et Jacquemon du Broustal, tiennent fief de Maintenay, en 1377. *Comp. de Ponth.*

BROUTEL. — Jacques Broutel, bourgeois et échevin de Montreuil, en 1475. *Braquehaye fils, Ét. Hospit.* — Jacques Broustel, échevin de lad. ville, 1575. *Arch. de la ville.*

BRUCHELLES. — Nicolas de Bruchelles, demeurant au bois Huré, près Wailly, en 1580. *Min. des not.*

BRULÉ. — Marie Jeanne Antoinette Agathe Brulé, religieuse de l'Hôtel-Dieu, vers 1762. *Braquehaye fils, Ét. Hospit.* — Charles Étienne, élève du séminaire de S.-Nicolas du Chardonnet à Paris, 1764. *Arch. nat.* — Pierre Jean François, à Montreuil, 1773. *Reg. des par.*

LE BRUN. — Jean Le Brun, lieutenant du bailli d'Amiens, demeurant à Montreuil, vers 1464. *Braquehaye fils, Ét. Hospit.* — Pierre, 1396. — Jean, auditeur à Montreuil, 1509. — Jean Le Brun, à Sorrus, 1529. *Cart. de S.-André.*

BRUNEMBERT. — Marguerite de Brunembert, abbesse de S.-Austreberthe de Montreuil en 1294. — Hue, tient fief de l'abbaye de S.-Saulve de Montreuil vers 1400. *Arch. du Roy.*

BRUYANT. — D. Bernard Bruyant, prieur de la Chartreuse de Neuville-les-Montreuil, en 1677. *Min. des not.*

BUIRELLES. — Pierre de Buirelles, homme de Beaurains, 1253. *Cart. de S.-André.*

BUIRES. — Adam de Buires, sergent royal en la prévôté de Montreuil, 1323. *de Rosny. Rech. gén.* — Jean, demeurant à Sorue, tient fief du Roi à cause de son châtel de Montreuil, vers 1380. *D. Grenier.*

BUISSON. — Ernoul du Buisson, fieffé de la prévôté de Montreuil, est convoqué pour la guerre en 1337. *D. Grenier.*

LE BURIER. — David Le Burier, garde du scel à Montreuil, 1470, puis procureur en la Cour du Roi. *Cart. de S.-Saulve.*

BUS. — Jean du Bus, bourgeois de Montreuil, tient fief à Campigneulles-les-Petites, en mai 1374. *Chart. de Ponth.* — Guillaume, prêtre, demeurant à l'Hôtel-Dieu de Montreuil, en 1417. — Jacques, écuyer, conseiller, avocat et garde du scel à Montreuil, 1514. — Jean, écuyer, sieur de Beaucorry, 1585. — René, écuyer, sieur de Beaucamps et de Wailly, vers 1600. — Messire Jean François, écuyer, sieur et vicomte de Wailly et autres lieux, veuf en 1725, de dame Agnès Tillette, père de Charlotte, alliée en 1725, à Nicolas de Fay ; d'Adrien ; d'Agnès et d'Henri, écuyer, sieur et vicomte dud. Wailly. *Not. part.*

C

CAGNI. — Isabeau de Cagni, demeurant à Wailly, près Montreuil, 1575. *Min. des not.*

CAILLARD. — Mᵉ Jean Caillard, chapelain choriste de l'église N.-D. et doyen de S.-Firmin à Montreuil, en 1668. *Reg. des par.*

CAILLEU. — Originaire de Buires. — Antoine Cailleu, fils de Jean, allié en 1539, à Jeanne Postel. *Not. part.* — Guillaume, propriétaire à Buires, 1588. *Id.* — Antoine Cailleu, mari de Noëlle Marcotte, d'où Jean qui suit, Noël, Antoinette, Marguerite, demeurant à Bloville, 1638, et Mᵉ François, prêtre et chapelain de N.-D. en 1632, mort en 1657. *Id.* — Led. Jean, sieur du Frien, père d'Antoine, sieur du Frien, qui était père de Guillaume, Jean, Barbe femme de François Vasseur et d'Antoine, également sieur du Frien, allié à Marie Prévost, d'où :
a. Philippe, échevin de Montreuil, mari de Jeanne Hochedé ; *b.* Antoine, notaire et procureur dans lad. ville ; *c.* Guillaume, allié à Jeanne Wézelier, le 19 juillet 1699 et *d.* Pierre, notaire et procureur à Montreuil, mari de Catherine Austreberthe de Lamotte.

Philippe Cailleu *a*, a eu de son union avec Jeanne Hochedé : 1° Jean-Baptiste, curé du Ponchel ; 2° Marie-Marguerite, célibataire ; 3° Marie-Jeanne, veuve en 1729, de N. Nédonchel ; Antoine *b*, décédé célibataire ; Guillaume *c*, sieur du Frien, notaire et procureur à Montreuil, allié à Marie Wézelier, d'où

Marie Jeanne, célibataire en 1739, et Antoine, sieur du Frien, allié le 25 juillet 1739 à Marie Anne Fusilier, d'où : Barbe, morte en célibat le 3 juillet 1820, Marie-Claude-Françoise, morte également en célibat, le 27 janvier 1826 ; Antoine Grégoire, sans alliance, et Françoise Austreberthe, mariée le 30 juillet 1776, à Charles Daniel de Lhomel, d'où postérité. (Voyez *Lhomel*.)

Pierre Cailleu *d*, notaire et procureur à Montreuil, mari de Catherine Austreberthe de Lamotte, d'où : 1° M⁰ Antoine Cailleu, élève du séminaire de S.-Nicolas du Chardonnet à Paris en 1712, curé de S.-Josse-sur-mer en 1739 ; 2° Noble hom. Joseph Cailleu, avocat en parlement, demeurant à Montreuil, allié le 23 novembre 1728, à Boulogne, à Madeleine Mutinot de la Carnoye ; 3° Françoise, veuve en 1739, de François Boitel, docteur en médecine, et 4° Austreberthe, veuve en 1729, de Jacques Robert, greffier civil et criminel de Waben.

Cette famille est éteinte. La ferme et les manoirs qui formaient le fief du Frien, appartiennent aujourd'hui à la famille de Lhomel de Montreuil.

CAILLEUX. — Antoinette Cailleux, religieuse de l'Hôtel Dieu, en 1679, *Braquehaye fils, Ét. Hospit.*

CAILLY. — Sœur Hélène de Cailly, religieuse de l'Hôtel-Dieu, vers 1625. *Braquehaye fils, Ét. Hospit.*

CALIPPE. — Jacques Calippe, élève du séminaire de S.-Nicolas du Chardonnet, le 8 octobre 1714. *Arch. nat.* — Sœur Marie Anne Calippe, de S.-Thérèse, religieuse de l'Hôtel-Dieu, vers 1720. *Braquehaye fils, Ét. Hospit.*

CALONNE. — François de Calonne, curé de N.-D, en 1683. *Reg. des par.* Fief tenu de Wailly en Ponthieu, appartenant à Jacques Le Flament en 1363.

LA CALOTTERIE. — Fief de la Calotterie, près Montreuil, tenu de Montewis, à Jean de Soyrue, en 1377. *Fiefs de Ponth.*

CAMPAGNE. — Enguerrand de Campagne, fieffé de la

prévôté de Montreuil, comparaît pour la guerre en 1337. *D. Grenier.* — Pierre de Campaigne, lieutenant de Campagne, avait, du chef de son père, deux maisons et un four, au val de Montreuil, 1380. *Aveu de Maintenay.* — Nicolas de Campagnes, brasseur à Brimeux, 1583. *Min. des not.* — Nicolas de Campagnes, à Lépinoy, 1584. *Id.*

CAMP DE LA PORTE. — Fief près Montreuil, tenu du roi, à Flament de Leschaut, en 1377. *Fiefs du Ponth.*

CAMPIGNEULLES. — A. de Campigneulles, échevin de Montreuil, 1173. — Baudoin, échevin de Montreuil, 1209. *Chart. Anc.* — Gilles de Campigneulles et Marguerite, sa femme, donnent à l'Église de S.-Saulve de Montreuil, 26 journaux de terre, à Beaumery en 1269. *D. Grenier, t. 66.*

La seigneurie de Campigneulles, pairie de Maintenay, divisée en deux, les grandes et les petites, appartenait, dès 1150, aux seigneurs de Boufflers, qui prenaient quelquefois alors le nom de Campigneulles ; elle était encore aux sires de Boufflers, en 1377 ; en 1634, à Jacques Guérard, écuyer, époux d'Isabeau de la Garde, et en 1772, à Francois Fougeroux, chevalier de S.-Louis, demeurant à Montreuil. — Un fief de la vicomté de Campigneulles-les-Petites, tenu de Machy, était à Mathieu de Soyrue, écuyer, 1363. *de Rosny.*

LE CAMUS. — Originaire du Boulonnais. — Porte : *d'argent à la bande d'azur, chargée de 3 étoiles d'or et 3 croissants montans d'or placés alternativement cantonné au chef gauche et au quartier droit, d'une flamme à 3 rayons de gueules.* — Jean-Baptiste Le Camus, sieur d'Escœuilles, ci-devant capitaine au régiment de Bretagne infanterie, demeurant au hameau de Fordes, 1746, allié à Marie Queval. *Min. des not.* — Mess. Jérôme Louis Le Camus, sieur de la Neuville, Noirbernes et autres lieux, ancien conseiller du Roi en la cour des Monnaies à Paris, lieutenant criminel au bailliage de Montreuil en 1749, veuf d'Anne de Lengaigne, fille de Mess. Isaac, sieur du Quesnoy, lieutenant civil et criminel aud. bailliage. *Reg. des par.*

LE CANDELIER. — Nicole le Candelier, demeurant à S.-Aubin, en 1477. *Braquehaye fils*, *Ét. Hospit.*

CANLERS. — Porte : *d'argent à 3 flambeaux d'or.* — Jacques de Canlers, auditeur à Montreuil, en 1413. — Jean, clerc à Montreuil, en 1483. *D. Grenier.* — Hue, auditeur, à Montreuil, 1499 à 1518, procureur en 1510, bailli de S.-André aux Bois, 1504, 1507, procureur de la seigneurie de Beaurains en 1505, sieur de Gransart, 1507. *Cart. de S.-André.*

CANTELEU. — Porte : *d'argent à la fasce de gueules, chargée d'une gerbe d'avoine liée de gueules.* — Jean de Canteleu, prévôt de Waben, dans un titre du 24 septembre 1352. *de Rosny.*

CANTERAINE. — Colart de Canteraine, tient un fief au bailliage de Waben de Willaume de Nempont, 1337. *Compt. de Ponth.*

Le fief et hameau de Canteraine, tenu du bailliage de Waben, à Jean-Baptiste de Montmignon, conseiller au présidial d'Abbeville, en 1680.

LE CANU. — Mess. Roger Le Canu, pourvu d'un chapelle en l'église S.-Firmin de Montreuil en 1349. *D. Caffiaux.* — Jacques, Jacquin, Enguerrand, Miquiel Le Canu. *Titres de l'Hôtel-Dieu de Montreuil.* — Catherine de Sains, veuve de Jean Le Canu, et Jean Le Canu, prêtre, son fils, demeurant à Montreuil, 1491. *Braquehaye fils, Ét. Hospit.*

CAPRON. — Eustache et André Capron, religieux de S.-André, 1705. *Cart. de lad. abbaye.*

CARBONNEL. — Porte : *d'azur au chevron d'or à 3 coquilles d'or, 2 et 1.* — Jacques de Carbonnel, homme d'armes sous M. le grand sénéchal de Normandie, passe la revue à Montreuil-sur-mer, le 7 octobre 1506. *de Rosny.*

CARBONNIER. — Loys Carbonnier, maître cirier à Montreuil, en 1597. *Min. des not.*

CARDON. — Emmanuel Cardon, échevin de Montreuil en

1621, receveur des traites en 1633. *Min. des not.* — Albert Cardon, profès de Neuville, le 20 mai 1773, coadjuteur de 1787 à 1791. *L'Abbé Lefebvre. Chartreuse de N.-D. des Prés.*

CARESSE. — Originaire de Guyenne. — Porte : *d'argent à 3 aigles éployées de sable, becquées et membrées de gueules.* — M. de Caresse, capitaine de grenadiers au régiment de la marine, et lieutenant du Roi, à Montreuil, en 1739. — Marie de Caresse, alliée le 1ᵉʳ janvier 1750, à Claude François Le Roy de Lozembrune, écuyer, garde du corps du Roi. *de Rosny, Rech. gén.*

CARLIER. — Nicolas Carlier, notaire et argentier de Montreuil, en 1745. *Arch. de la ville.*

CARLU. — Jean Carlu, sergent royal à Montreuil, en 1609. *Cart. de S.-André.*

CARMIER. — A Montreuil. — Jean Carmier, demeurant à Montreuil, fils de Jean et de Nicolle Lesseline, allié en 1585 à Antoinette Moguignon, veuve de Philippe Sausset. Le dit Jean Carmier est assisté de Henry Carmier, demeurant à Montreuil, son cousin germain, et oncle de René Carmier, fils de Jean et de Marie Sausset, 1592. — Isabeau Lescot veuve de Jean Carmier et mère de François, Julyanne et Marguerite, 1595. *Min. des not.* — André Carmier bourgeois à Boulogne, porte : *de gueules à une barre d'or, chargée d'une croisette d'azur.* Arm. gén. de France.

CARNET. — Jacques de Carnet, bailli d'Hesdin, 14 novembre 1328. *Cart. de Gosnay.*

LE CARON. — Jean Le Caron, échevin de Montreuil, 1377. *Cart. de S.-Saulve.* — Antoine Le Caron, gouverneur de l'Hôtel-Dieu de Montreuil, en 1458. — Regnault, bailli de Contes, 1528. — Jean, bourgeois et notaire à Montreuil, en 1563. — Marie, novice de S.-Austreberthe de Montreuil, en 1577. — Gabriel, curé de Brimeux, 1606. *Cart. de S.-André.*

CARON. — Jean Caron, tuteur de Colaye de Berquem, sa

nièce et fille de Loys de Berquem, 1563. *Not. part.* — Jean Caron, ancien mayeur de Montreuil, 1574. *Titres de l'Hôtel-Dieu.*

CAROULLE. — François Caroulle, échevin de Montreuil, en 1730. *Reg. de l'Échevinage.*

CARPENTIER. — Witasse de Carpentier, demeurant à Wailly avant 1376. *de Rosny.* — Me Jean Carpentier, sieur de Waconne, lieutenant civil et criminel à Montreuil, en 1587. — Antoine, écuyer, sieur de Waconne, allié à Gabrielle de Senlis, d'où Catherine, mariée en 1606 à Jacques de Courteville, écuyer, sieur de Hodicq. *de Rosny, Rech. gén.* — Nicolas Carpentier, notaire à Montreuil, 1710. *Not. part.*

CARPENTIN. — Originaire du Ponthieu. — Porte : *d'argent à 3 fleurs de lys au pied coupé de gueules.* — Jean Carpentin, écuyer, dit *Gallois*, sieur de Barlette, pair de Domart, allié à Montreuil, le 20 janvier 1461, à Jeanne Dausque, fille de Me Gilbert, licencié ès-lois. *de Rosny, Rech. gén.*

CARRÉ. — Nicolas Carré, ancien mayeur de S.-Josse, 1595. *Min. des not.* — Jeanne Carré, veuve en dernières noces de Pierre de Berry, 1585. *Min. des not.*

CASTEL. — Henry du Castel, allié à Marie Brebant, d'où : Marc, mari de Barbe Denizel, d'où Claude, qui épouse en 1672, Marie Cailleu, fille d'Antoine, sieur du Frien, et de Marie Prévost. *Min. des not.*

CASTELET. — Porte : *de gueules au lion d'or.* — Hue de Castelet, fieffé de la prévôté de Montreuil, est convoqué pour la guerre, en 1337. *D. Grenier.*

CASTELER. — Jean de Casteler, curé, confesseur des religieuses de S.-Austreberthe, en 1471. *Braquehaye fils, Ét. Hospit.*

CASTRE. — Jacques de Castre, garde du scel royal à Montreuil, en 1509. *Cart. de S.-André.*

LE CAT. — Jacques Le Cat, échevin de Montreuil, 1377. *Cart. de S.-Saulve.* — Guillaume, marguillier de S.-Firmin,

1464. *Titres de l'Hôtel-Dieu de Montreuil.* — Bertrand, sieur de Fossendal, conseiller en la sénéchausée du Boulonnais, et demoiselle Austreberthe Siriez, sa femme, en 1750. *de Rosny.*

CAUCHON. — Éloi Cauchon, gouverneur de l'Hôtel-Dieu de Montreuil, de 1622 à 1637. *Braquehaye fils, Ét. Hospit.*

CAUCHYE. — Pierre de le Cauchye, bailli de Clenleu, mari de Nicolle Plahaye, teste en 1617. Il avait pour enfants Marie et Péronne. *Min. des not.*

CAUDAVAINE. — Nicolas Caudavaine, demeurant à Montreuil, 1469. *Braquehaye fils, Ét. Hospit.* — Charles, fils de Philippe et de Marguerite Flahaut, 1600. — Jean, greffier au bailliage, 1697. — Jean-François, notaire à Montreuil, 1721. *Min. des not.*

CAULE. — Jean Caule, moine de S.-Saulve de Montreuil, en 1518. *Cart. de S.-André.*

CAUMESNIL. — Payen de Caumesnil, mari de la fille de feu Raoul de Bernastre, 1417. *Titres de Hôtel-Dieu de Montreuil.*

CAUQUELLE. — Les hoirs Nicolon de Cauquelle ont des rentes sur la ville de Montreûil, en 1259. — Thomas, fieffé de la prévôté de Montreuil, est convoqué pour la guerre, en 1337. *D. Grenier.*

CAURIE. — Porte : *d'or au lion de sable armé et lampassé de gueules, éclairé d'argent.* — Charles de La Caurie, procureur de Louis de Bournonville en 1453, auditeur à Montreuil en 1467. *de Rosny, Rech. gén.*

CAUX. — N. de Caux, écuyer, sieur de Vaucour, porte : *d'argent à un sautoir palé de gueules et d'or de six pièces.* Arm. gén. de France. — Jean-Baptiste de Caux de Blaquetot, général du génie, né à Montreuil-sur-mer, le 24 mai 1723, mort en 1793. *Not. part.*

CAVERO. — H. H. Antoine Cavero, sieur du Rieu, fief à Wimille, près Grisendale, était marié le 12 juin 1652, à Louise Cleuet, fille d'Antoine et de Marguerite Meignot ; il demeurait

à Montreuil en 1682, père d'Antoine, sieur du Rieu. *de Rosny.*
— Un fief d'Audenfort à Audinghen en Boulonnais, fut acheté
en 1728, d'Antoine Cavero, sieur du Rieu, par Antoine Vaillant,
écuyer, sieur du Chastelet. *Id.*

CAY. CAIS. — Jean de Cais, auditeur à Montreuil, en 1501.
— Adrien de Cay et demoiselle Louise de Cauville, sa femme,
vendent le fief de La Capelle, en 1567. *Compt. d'Hesdin.* —
N. de Cay, notaire à Montreuil, en 1573. *Cart. de S.-André.*

CELERS. — Philippe de Celers, abbé de Dommartin, en
1705. *Cart. de S.-André.*

CELLES. — Guillaume de Celles, 9 février 1464. *Titres de
l'Hôtel-Dieu de Montreuil.*

CERTIEULX. — Méry de Certieulx, écuyer, sieur de Bour-
gueval, et demoiselle Anne de Puich, sa femme, vendent le fief
du Quint d'Aix-en-Issart, en 1556, à Jacques de Lhomel. *Compt.
du bailliage d'Hesdin.*

CHAMBAUDON. — Jean de Chambaudon, mayeur de Montreuil, 1221. *Chart. Anc.*

LE CHARPENTIER. — Demoiselle Catherine de Sarcus,
veuve de feu noble hom. messire Jean Le Charpentier, sieur
de Wacogne et de Campsart, lieutenant civil et criminel à
Montreuil, 1584. *Min. des not.*

CHASTEBLIN. — Jean Chasteblin, sergent de Beaurains,
1391. *Cart. de S.-André.*

CHAUSSÉE. — M. de la Chaussée, major de Montreuil, 1787.
Alm. de Picardie.

CHAUVET. — Porte : *de gueules à un chevron d'or chargé à
la pointe d'une macle d'argent.* Arm. gén. de France. — M. Chauvet, contrôleur au grenier à sel de Montreuil, 1696.

CHÉRIN. — Jean Chérin, chanoine de S.-Firmin, 1590.
Min. des not.

CHESNE. — Mᵉ Gilles du Chesne, prêtre à Montreuil, 1675.
Reg. des par.

LE CHIRIER. — Gérard Le Chirier, de Montreuil, tient fief à Wailly, 12 mai 1376. *Compt de Ponth.*

CLABAUD-BAUCLAR. — Antoine Clabaud-Bauclar, contrôleur des fermes de Sa Majesté et receveur des tabacs à Montreuil, père de Claude Benoist, de Marie-Thérèse, femme de Louis Havet et de Marie Madeleine, alliée à Mᵉ Jean François Emmanuel Baillon, conseiller du Roi, son bailli royal civil et criminel de Waben, d'où postérité.

CLARIN. — Auguste Clarin, chirurgien à Montreuil, 1640. *Arch. de la ville.*

CLÉ. — Jacques du Clé, auditeur à Montreuil, 1438. *Cart. de S.-Saulve.*

CLENLEU. — Bernard de Clenleu, fieffé de la prévôté de Montreuil, est convoqué pour la guerre, en 1337. *D. Grenier.*
— Jean, dit *Cottin* avait un fief tenu d'Engoudsen, en 1477.
— Claude d'Urre, écuyer, sieur de Clenleu, allié à Marguerite d'Ostove, 1650. *de Rosny.*

LE CLERC. LE CLERCQ. — Adam Le Clerc, demeurant à Wailly, et Robin, à Montreuil, mai 1376. *Compt. de Ponth.*
— Noël Le Clercq, tient un fief de l'abbaye de S.-Josse, 1587. *Terr. de lad. abbaye.* — Guillebert, allié à Marie Enlard, d'où : 1° Antoinette, femme de Nicolas Caillart, dont un fils Marand, 2° Regnault, 3° Nicolas, 4° Alix, femme de N. Petit, d'où : Gérard, et Catherine, alliée à Michel Poulletier, veuf en 1585. *Min. des not.* — Noel, tient un fief de l'abbaye de S.-Josse, 1587. *Terr. de lad. abbaye.* — François, curé de Sorrus, 1672.

LE CLIVET. — Hameau entre Preures et Hucqueliers. — Fief du Clivet, tenu de Preures, appartenant en 1551 à Gilbert Postel, écuyer, demeurant à Preures, et, après lui, à ses descendants. *de Rosny.*

CLOQUETTE. — Antoine Cloquette, échevin de Montreuil, en 1697. *Reg. des par.*

CLOY. — Porte : *d'azur à la rose d'or à 4 tourteaux d'or 2 et 1.*

— Jacques du Cloy, procureur général et messager spécial à Montreuil en 1464. *de Rosny.*

CLUSES. — Marguerite de Rubergues, demoiselle de Cluses, épouse de N. de Hégues, vivant en 1607. *de Rosny, Rech. gén.*

COCATRIX. — Sébastien Cocatrix, nommé procureur d'office au bailliage d'Aix-en-Ergny, le 21 décembre 1758. *Dern. baillis.*

LE COCQ. — Jean Le Cocq, mayeur de Montreuil, 1366. *Chart. Anc.*

COCQUEREL. — Porte : *de gueules au chevron d'argent accompagné de 3 étoiles d'argent 2 et 1, et aussi à la croix engrelée pleine de gueules, au 1 et 4 cantons d'or au coq d'azur, au 2 et 3, d'azur au coq d'or.* Waignart. — Tassart de Homel et Lœurenche de Quoquerel, sa femme, et sire Witasse de Homel, bienfaiteurs de l'Hôtel-Dieu, vers 1400. *Braquehaye fils, Ét. Hospit.* — Alips de Cocquerel et Jean, son frère, propriétaires à Montreuil, en 1471. *Id.* — Pierre de Cocquerel, religieux et procureur de S.-Saulve, 1492. *Cart. de S.-Saulve.* — Charles, demeurant à Abbeville, 1580. *Waignart.* — Pierre de Cocquerel, mari de demoiselle Jeanne de la Folye, qui teste le 1er décembre 1580. *Min. des not.* — Pierre, sieur de Honlieu, et Pierre le jeune, demeurant à Montreuil, 1582. *Id.* — Jean, sieur d'Honlieu, fils de Philippe, sieur d'Honlieu, et de demoiselle Françoise de Sarton, 1647. *Id.* — M. de Cocquerel, capitaine des portes de la ville de Montreuil, 1657. *Not. part.* — Sœur Geneviève Albertine Cocquerel de Honlieu, de S.-Claire, religieuse de l'Hôtel-Dieu, 1788. *Braquehaye fils, Ét. Hospit.* — Nicolas de Cocquerel, né à Montreuil, fondateur du collège de Cocquerel, à Paris, qui existait au XVe siècle, dans la cour basse de l'Hôtel de Bourgogne. *Dict. hist.*

COINTEREL. — Baudoin Cointeriaus, bourgeois de Montreuil, 1297. *D. Grenier.* — Jean Cointerel, écuyer, fils de Jean, demeurant à Montreuil, 1405. *Arch. de S.-Austreberthe.* — Thomas Cointerel, mayeur de lad. ville, 1434. *Chart. anc.*

COLAIS. — Louis Colais, conseiller du Roi, commissaire ordinaire des guerres et receveur des gabelles à Montreuil, mari de demoiselle Marie du Bois, teste le 21 décembre 1668. *Min. des not.*

COLINES. — Fiefs à Colines à Scipion Bresdoul, Jean de Bours, Gilles de Lhommel, M. Émery de Boullainvilliers, en 1575. *Fiefs du Ponth.*

COLEMBERG. — Thomas de Colemberg, échevin de Montreuil, 1177. *Cart. de S.-Saulve.*

COLOMBY. — Mᵉ Jean de Colomby, écuyer, lieutenant-général de la prévôté de Montreuil en 1550, avait un fief tenu de Sempy en 1553.

COMPIÈGNE. — Jacques Marie Louis Jean-Baptiste Compiègne, d'Étaples, élève du séminaire de S.-Nicolas du Chardonnet, à Paris, le 17 octobre 1780. *Arch. nat.*

CONCHIL. — Fiefs à Conchil, appartenant à Antoine de Créqui, à Claude d'Ailly, à Claude de Vaconsains, 1575. *Fiefs de Ponth.*

LE CONTE. — Jean Le Conte, échevin de Montreuil, 1336. *Chart. anc.* — N. Le Conte, laboureur à Sorrus, 1585. *Min. des not.*

CONTES. — Porte : *d'argent au créquier de gueules.* — Pasturel de Contes, fieffé de la prévôté de Montreuil, est convoqué pour la guerre en 1337. *D. Grenier.*

CONTEVAL. — Antoine de Conteval, écuyer, sieur du Hamel, porte-cornette de la Compagnie du sieur des Essarts de Meigneux, à Montreuil, en 1594, puis lieutenant du roi à Montreuil. *de Rosny, Rech. gén.*

CONTY. — Dame Ide de Conty, doit au seigneur de Maintenay, une rente sur le tènement d'Ernoul de Seninghen, situé à Montreuil, 1380. *Aveu de Maintenay.*

CORBIE. Robert de Corbie, gardien de l'église S.-Saulve de Montreuil en 1366, sergent du Roi en 1384. *D. Grenier, t. 46.*

CORDOING. — Barthélemi Cordoing, échevin de Montreuil, 1594. *Min. des not.*

CORMONT. — Jeanne de Cormont, demeurant à Montreuil, 1587. *Min. des not.*

Fiefs de Cormont, à Jacques Becquet, 1575; Renée Becquet, demoiselle de Cormont, en 1630. *de Rosny, Rech. gén.*

CORNAILLE. — Charles Cornaille, mayeur tiers de Montreuil, 1563. *Min. des not.*

CORNE. — Périne Corne, religieuse de l'Hôtel-Dieu, 1583. *Braquehaye fils, Ét. Hospit.*

CORNU. — Porte : *de gueules à l'orle d'argent.* — Simon Cornu, sieur de Villeneuve, près Montreuil, père de Gauthier, évêque de Paris, archevêque de Sens en 1223, et de Gilles, archevêque de Sens en 1239. *de Rosny.* — Firmin, procureur général et messager spécial à Montreuil, en 1434. *de Rosny, Rech. gén.*

COSETTE. — Originaire d'Amiens. — Porte : *d'or à la croix échiquetée d'or et d'argent.* — Jean Cosette a fief à Feuquières, en 1380. — Henry de Cosette, écuyer, sieur de Beaucourt, lieutenant du roi à Montreuil, allié en 1685 à Anne Élisabeth Cardon, d'où Charles, écuyer, sieur de S.-Colombe et Marguerite. Jean Marie de Cosette, officier au régiment colonel-général de l'infanterie française en 1782, fils de feu Charles Louis Henri, vicomte de Wailly, et d'Anne Marie Charlotte de Framery de Sorrus, épouse le 22 février 1791, Marie Catherine Adrienne du Crocq de Bancres. (Voyez la généalogie de cette famille dans l'histoire de Montreuil de M. Lefils.)

COSTARD. — Jean Costard, notaire à Montreuil, 4 octobre 1513. *de Rosny.*

LA COSTÉ. — Bernard de la Costé sergent royal au bailliage de Montreuil, 1592. *Min. des not.*

COUDIER. — Guillaume Coudier, sergent à verge à Montreuil, 1704. *Arch. de la ville.*

COULOMBIER. COLOMBIER. — Ferme du Colombier située à Campigneulles-les-Petites, appartenant en 1694, à Pierre Pasquier, sieur de la Cressonnière, receveur des consignations à Montreuil, puis en 1731 à Jacques de Vadricourt, avocat en parlement. *Liébron, histoire de Campigneulles-les-Petites.*

Fief du Coulombier, appartenant en 1620 à Gilles de Lhomel, sieur de Cauchie-en-Marenla, et à ses descendants. *Min. des not.*

COULOMBY. — Alexandre Daigneville, écuyer, sieur des Prés, héritier de demoiselle Blanche de Coulomby, héritière de Jean de Coulomby, lieutenant du bailli d'Amiens, à Montreuil en 1574. *Min. des not.*

COUPELLE. — Jean de le Coupelle, avait une maison à Montreuil, vers 1380. *Aveu de Maintenay.*

COUPIER. — Jean Coupier, de Parenty, demeurant à Montreuil, 1448. *Braquehaye fils, Ét. Hospit.* — Guillaume, 1592. — Sébastien, mari de Marie Pincedé, 1606. — Denis Coupier, mari de Barbe Forestier, vers 1644, d'où : Jacques, Nicolas, ancien échevin, 1723, Jeanne, femme d'Antoine de La Potterie, Sr de Lenclos, Denis, prêtre et curé de Foresmontiers et d'Hecquemicourt 1723, et Antoinette, alliée à Nicolas de Lafoscade. *Not. part.*

COUPPES. — Me Jean Couppes, licencié ès-lois, mari d'Adrienne de Calonne, petite-fille de Hues de Sarton, relève du bailliage d'Hesdin, un fief à Aix-en-Issart, échu par le trépas dud. Hues, en 1553. *Compt. dud. bailliage.*

Fief de Couppes, tenu d'Engoudsent, à Jean du Bos, 1553. *de Rosny.*

COURBET. — Charles Courbet, tient un fief de l'abbaye de S.-Josse, en 1587. *Terr. de lad. abbaye.*

COURCELLES. — Dame Marie-Joseph de Courcelles, femme de M. Hacot du Halloy, 1740. *Not. part.*

COURNAN. — Fief à Cournan, tenu de Sénarpont, à Jacques de Huppy, en 1575. *Fiefs du Ponth.*

LA COURT. — Grigore de la Court, fieffé de la prévôté de Montreuil, est convoqué pour la guerre, en 1337. *D. Grenier.*

COURTEVILLE. — Huon de Courteville, demeurant à Montreuil, reçoit des lettres de madame la comtesse d'Artois, en 1308. *Compt. de Calais.* (Voyez la généalogie de cette famille dans les Rech. gén. de M. de Rosny.)

COURTIN. — François Courtin, médecin et échevin à Montreuil en 1778. *Braquehaye fils, Ét. Hospit.*

COURTRAIT. — Jean Courtrait, notaire royal à Montreuil, en 1576, vice-mayeur, 1583. *Min. des not.*

COUSIN. — Jacques Cousin, prieur de l'abbaye de Ruisseauville, en 1620. *Braquehaye fils, Ét. Hospit.*

CRASSIN. — Philippe Crassin, demeurant à la Vignette, à Montreuil, 1589. *Min. des not.*

CRENDALLE. — Marguerite Crendalle, veuve d'Adrien de Lengaigne, écuyer, sieur du Choquel, en 1643. — Jacques François, notaire à Neuville, nommé bailli des seigneuries d'Attin, S.-Cornille et Beutin, le 12 juillet 1785. *Dern. baillis.*

CRÉPIEUL. — Porte : *d'argent à l'aigle de gueules membré d'azur.* Arch. du Nord de la France. — Jean de Crépieul, sergent du Roi, en la prévôté de Montreuil, 6 octobre 1443. *Cart. de Gosnay.* — Jacques, 37e abbé de Dommartin, en 1467.

CRESPIN. — Fief avec manoir bois et terres à Wailly, appartenant en 1337, à Isabeau Crespine. *Comp. de Ponth.*

CRÉQUY. — François de Créquy, sieur de Dourrier, gouverneur et sénéchal du Boulonnais, en 1495. — Henri Créquy de Thionville, propriétaire à Sempy, 1749. *Braquehaye fils, Ét. Hospit.* — Sœur de Créquy de S.-Nicolas, dépositaire de l'Hôtel-Dieu de Montreuil, en 1766. *Id.*

CRESSY. — André de Cressy, dit *le Moine,* élu abbé de Dommartin en 1302, frère de Jean, cardinal et évêque de Meaux.

— François, sergent des gardes-françaises, à Montreuil, en 1580. *Min. des not.*

CROCQ. — Originaire du Boulonnais. — Porte : *d'azur au chevron d'or à 3 macles d'argent 2 et 1.* On trouve aussi, *d'argent au lion de sable armé et lampassé de gueules, l'épaule gauche traversée d'un dard, à 2 étoiles de gueules en chef et en pointe.* — Jean du Crocq, procureur du duc de Bourgogne, à Montreuil, en 1401. *Vu.* — Mathieu et sa femme font des donations à l'Hôtel-Dieu, vers 1420. *Braquehaye fils, Ét. Hospit.* — Nicolas, archer sous la charge de Mgr de Brézé, sénéchal de Normandie, 1506. *Rôles généraux de Boulogne.* — Nicolas, déclare ses fiefs en la sénéchaussée du Boulonnais, en 1571. *Fiefs du Boulonnais.* — Michel, sieur de Montéchor, réfugié à Montreuil, à cause des troubles, 1592. *Min. des not.* — Nicolas, mari de Péronne Duflos, d'où Jacqueline alliée, en 1595, à Antoine Prestault, veuf d'Anne Hertault et Jode. *Id.* — Vincent, mari de Françoise Cousin, et Martin hommes d'armes, à Montreuil, 1596. *Id.* — Jean, notaire à Montreuil en 1602. *de Rosny.* — Anne, religieuse de l'Hôtel-Dieu, en 1620. *Titres dud. Hôtel-Dieu.* — Guillaume, échevin en 1631. — Louis, chevalier de la compagnie du comte de Lannoy, fils de Jean et de Nicolle Gossin, demeurant à Montreuil, en 1637. — Noble hom. Antoine, avocat en parlement, 1647.

Mathieu du Crocq, écuyer, sieur dud. lieu et du Hil, demeurant au Crocq, paroisse de Wirwigne en 1575, comparaît avec la noblesse en 1588, allié en 1587, à Barbe Lobigeois, d'où : 1° Jean, qui suit, et en secondes noces à Catherine de Frohart, d'où : 2° Guillaume, sieur d'Honvaut et de la Wattine, allié à Marie Buttel, 3° Gaspard, sieur d'Imbretun, allié, je crois, à Catherine Warnier, d'où Gaspard, sieur de Framezelles et d'Imbretun, marié à Jeanne de Lengaigne, d'où François, sieur d'Imbretun, alllé à Marguerite Godard, dont une fille, Marie Angélique, mineure en 1678, femme de Jean de Hesmont, écuyer, sieur de la Cour, demeurant à Dalles ; 4° Élisabeth, mariée à Jean Le Caron. Led. Jean du Crocq, écuyer, sieur du Becq, adjoint ordinaire au bailliage, marié à Montreuil, en 1614, à Jacqueline Lamy, d'où Antoine, écuyer, sieur de Rimberville, bailli de Desvres, allié en 1647 à Gabrielle Heuzé, d'où Antoine qui suit ; François, chanoine de S.-Firmin de Montreuil ; Louis, sieur d'Imberville, garde du corps du Roi, Marguerite, femme de François de Lhospital, chevalier, sieur de Ronque-rolles, Claude, femme de Jean de Cormette, écuyer, sieur de S.-Michel, officier de S.-Louis, et commandant d'Ambleteuse en 1725, Gabrielle Marguerite, marié en 1703, à Marc de Lastre, chevalier, sieur de la Chevalerie, demeurant à Inxent, et Louis, écuyer, sieur de Rimberville, mari de Louise de la Fresnais, décédé sans hoirs à Inxent, en 1725. *de Rosny et Not. part.* — Jeanne, de S.-Élisabeth, supérieure des Sœurs grises de Montreuil en 1709. *Braquehaye fils, Ét. Hospit.* — Claude du Crocq, vicomte de S.-Josse en 1674. *Min. des not.*

CROIX. — Pierre de la Croix, bourgeois de Montreuil, et sa femme, 1437. *Titres de l'Hôtel-Dieu.*

CUCHEVAL. — Philippe Cucheval, servait dans la Compagnie du sieur de Maignieulx, en garnison à Montreuil, en 1594. *Min. des not.*

CUCQ. CUCQUE. — Aubond de Cuk, échevin de Montreuil, 1209. *Chart. Anc.* — La seigneurie de Cucque, tenue du Roi, était à l'abbaye de S.-Josse, en 1575 et 1760. — Droit de la-gan à Cucq, prétendu par le comte de Ponthieu et par l'abbaye de S.-Josse, le 6 mars 1326. *Chart. de Ponth.*

D

DACHEU. — Jean Marie Éloi Dacheu, de Marles, près Montreuil, élève du séminaire de S.-Nicolas du Chardonnet, à Paris, le 11 octobre 1781. *Arch. nat.*

DACQUEBERT. — Adrien Dacquebert, gendarme de la compagnie du seigneur de Meigneux, capitaine et gouverneur des ville et citadelle de Montreuil, en 1594. *Min. des not.*

DACQUIN. — François Dacquin, demeurant à Hesdin en 1699, marié à Marguerite Dauvergne, fille d'Oudart, greffier de la sénéchaussée du Boulonnais, et d'Antoinette de La Planche. *de Rosny, Rech. gén.*

DAGUENEL. — Sire Guillaume Daguenel, vicaire de Verton, 1548. *Cart. de S.-André.*

DAIGNEVILLE. — Mᵉ Guillaume Daigneville, écuyer, sieur de Becquestoile, mari d'Anne de Gouy, propriétaire de terres à S.-Josse, 1587. *Terr. de S.-Josse.*

LE DAIN. — Marguerite Le Dain, maîtresse de l'Hôtel-Dieu, 1464. *Braquehaye fils, Ét. Hospit.*

DAMERVAL. — Louis François Damerval de Frêne, élève du séminaire de S.-Nicolas du Chardonnet à Paris, le 3 octobre 1786. *Arch. nat.*

DAMIENS. — Jean Damiens fait une donation à l'Hôtel-Dieu en 1506. *Braquehaye fils, Ét. Hospit.* — Agnès, religieuse de l'Hôtel-Dieu en 1516. *Id.*

DAMINOIS. — Guillaume Daminois, bailli de Waben, le 12 mai 1321. *Cart. de Ponth*

DANEL. — Jean Danel, mayeur de Montreuil, 1477. *Braquehaye fils, Ét. Hospit.* — Sire Jean Danel, licencié ès-lois, 1476. — Jean, auditeur à Montreuil, 1439, procureur spécial, 1450. — Jean, avocat à Montreuil, 1482. *D. Grenier, t. 46.* — Colart, auditeur à Montreuil, 1439. *Terr. de Doudeauville.* — Marie, demoiselle de Beaucorroy, 1458, alliée à Nicolas Brunet, sieur de Beaucamp. *Id.* — Jean, à S.-Josse, propriétaire d'immeubles achetés à Nicolas Roussel, de Montreuil, 1587. *Terr. de S.-Josse.*

DANVIN. — Antoine Danvin, receveur des traites à Montreuil, 1724. *Min. des not.*

DANZEL. — Sire Gilles Danzel, maître et gouverneur de l'Hôtel-Dieu de Montreuil, 1396 à 1411. *Titres dud. Hôtel-Dieu.*

DARDRES. — Jode Dardres, demeurant à Buires, en 1575. *Min. des not.* — Jean, marguillier de l'église S.-Josse au Val, 1595. *Id.* — Toussaint Dardres, ancien marguillier de l'église S.-Pierre à S.-Josse en 1671. *Id.*

DARRAS. — Pierre Darras et Jeanne de la Berquerie, sa femme, font une donation à l'Hôtel-Dieu de Montreuil, en 1417. *Braquehaye fils, Ét. Hospit.*

DAUDENFORT. — Nicolas Daudenfort, lieutenant de la justice de Wailly, 1637. *Min. des not.*

DAUGART. — Jean Daugart, l'aîné, bourgeois de Montreuil, 1327. *Cart. de S.-Saulve.* — Guérant, échevin de lad. ville, 1376. *Id.*

DAULLÉ. — Jean Daullé, frère du couvent des Carmes, 12 avril 1477. *Lefils, Hist. de Montreuil.*

DAUPHIN. — Charles Dauphin, à Étaples, porte : *d'argent à une bande de sinople chargée d'un annelet d'or.* Arm. gén. — Famille anoblie en 1759, dans la personne de Charles François Dauphin, sieur d'Halinghen, président de la sénéchaussée du Boulonnais, dont les armes réglées par d'Hozier sont : *d'or, au Dauphin de gueules, accompagné de 3 tourteaux de même, au chef d'azur chargé d'un soleil d'or.* — Jean Dauphin, allié à Marie de Menneville, d'où Nicolas, 1644. *Reg. des par.* (Voyez la généalogie de cette famille dans les rech. gén. de M. de Rosny.)

DAURENCOURT. — François et Flour Daurencourt, demeurant à la Magdeleine, près Montreuil, 1657, possèdent un jardin, par achat de Charles Bernaut, sieur d'Ogisencourt. *Not. part.*

DAVERTON. — Nicolas Daverton, mari de Marie du Bois, à Montreuil, 1622. — Gérard, allié à Anne Le Moine, d'où Marguerite, Louis, Jean et Pierre. *Reg. des par.* — N. Caudavaine, procureur et notaire à Montreuil, mari de Marguerite Daverton. *Min. des not.*

DAVIAU. — Denis Daviau, abbé de S.-André, 1518. *Cart. de lad. abbaye.*

DAVID. — N. David, avocat et assesseur à Montreuil, 1774. *Alm. de Picardie.* — Le même est qualifié subdélégué de l'intendance, procureur du Roi et de Mgr le comte d'Artois, dans l'alm. de Picardie de 1787.

DEBREIL. — Noble hom. Guy Joseph Armand Debreil, chevalier, sieur de Pontbriand et autres lieux, demeurant à Montreuil, 1724. *Min. des not.*

DE BUIRES. — Guillebert de Buires, marchand à Montreuil, 1575. *Min. des not.* — Marie de Buires, femme de Valentin Le Maire, à Trépied, 1592. *Id.* — Sire Antoine Debuires, prêtre-chanoine de S.-Firmin et clerc de N.-D. de lad. ville, 1655. *Reg. des par.*

DEHAYE. — Sœur Dehaye de S.-Thérèse, vicaire des Sœurs grises, en 1705. *Braquehaye fils, Ét. Hospit.*

DELAHAYE. — Marie Delahaye de S.-Léon, supérieure des Sœurs grises, 1718. *Reg. des par.*

DELAHOUE. — Marc Delahoue, maître-potier d'airain à Montreuil, 1733. *Min. des not.*

DELAMARRE. LAMARRE. — Antoine Delamarre, echevin

de Montreuil, en 1692. *Reg. des par.* — N. de Lamarre, demeurant à Montreuil, 1620. *Min. des not.*

DELANNOY. — Pierre Jacques Grégoire Delannoy, de Montreuil, élève du séminaire de S.-Louis, à Paris, le 10 octobre 1771. *Arch. nat.* — Marie Anne Delannoy, morte novice de l'Hôtel-Dieu, vers 1780. *Braquehaye fils, Ét. Hospit.* — Grégoire, chanoine de S.-Firmin en 1781. *Reg. des par.*

DELBARRE. — Marie Françoise Antoinette Noëlle Delbarre de S.-Agnès, religieuse de l'Hôtel-Dieu de Montreuil, 1780. *Braquehaye fils, Ét. Hospit.*

DELEFONTAINE. — N. Delefontaine, mayeur de Montreuil, 1420. *Titres de l'Hôtel-Dieu.*

DELELEAU. — Louis Deleleau, écuyer, sieur de la Garde, mari de demoiselle Jeanne Dhostel, à Montreuil, avant 1595. *Min. des not.*

DELEPIERRE. — N. Delepierre, receveur de l'abbaye de Ruisseauville, 1740. *Quitt. de lad. abbaye.*

LE DELIS. — Tassart Le Delis, demeurant à Wailly, avant 1376. *Chart. de Ponth.*

DÉMERVAL. — Nicolas Démerval, demeurant à Beussent, est nommé procureur d'office de la seigneurie de Beussent et ses dépendances, par Charles Joseph Desnoyelles, religieux, procureur de l'abbaye de S.-Saulve de Montreuil, le 19 février 1680. *Dern. baillis.*

DENGUINEHAUT. — Péronne Le Roy, veuve de Simon Denguinehaut, marchand à Montreuil, 1580. *Min. des not.* — Guy, 1597. — Pierre, allié à Appoline Dewidehem, d'où Jean, marié en 1653, à Barbe Prévost, fille de Charles et d'Anne Boucher. *Id.* — Jean, notaire et procureur à Montreuil, 1653. — Antoinette de Boulogne, femme de Claude Denguinehaut, 1677. — N. Denguinehaut, sergent au siège de Montreuil, 1708, et Jean, notaire et procureur, 1712. *Not. part.*

DENIBAS. — Jean-Baptiste Denibas, receveur de la terre de S.-Josse en 1651. *Min. des not.*

DENISEL. DENIZEL. — Guillaume Denizel, curé de S.-Vast d'Écuires, 1448. *Cart. de S.-Saulve.* — Jean Denisel, tenant fief en 1477. *État du Boulonnais.* — Marguerite, femme de Marc du Castel, demeurant à Montreuil, et sœur de François, à Sempy, et de Jean et Liévin, à Montreuil, 1672. *Min. des not.*

DENOYELLE. — N. Denoyelle, receveur de l'abbaye de Ruisseauville, 1750 à 1758. *Quitt. de lad. abbaye.*

DERNELEYS. — Vespasien Derneleys, garde du scel royal, à Montreuil, en 1579. *Cart. de S.-André.*

DESCAMPS. — Robert Descamps, tendeur aux oiseaux, à Groffliers, 1595. *Min. des not.*

DÉSÉRABLES. — Pierre Désérables, demeurant à Sorrus, 1588. *Min. des not.*

DESFONTAINES. — François Desfontaines, échevin de Montreuil, en 1691. *Reg. des par.* — Charles, mari de Jeanne de la Haye, tient un fief de l'abbaye de S.-Josse, 1587. *Terr. de lad. abbaye.*

DESGARDINS. — Perrine Desgardins, religieuse de l'Hôtel-Dieu de Montreuil, 1543. *Braquehaye fils, Ét. Hospit.*

DESLOGES. — Pierre Desloges tient fief de l'abbaye de S.-Josse, en 1587. *Terr. de lad. abbaye.*

DESMARETZ. DES MARETZ. — Robine des Maretz, religieuse de l'Hôtel-Dieu, 1464. — Marc Desmarets, propriétaire d'un manoir à S.-Nicolas, en 1556. *Braquehaye fils, Ét. Hospit.* — François, procureur notaire et curateur d'Agnez et de François ses neveux et enfants d'Étienne et d'Austreberthe de Macquinghen. — Thiébaut, frère de François, procureur, est sergent à la compagnie du sieur de Ledouastre, capitaine et gouverneur du château d'Hardelot. *Min. des not.*

DESMARQUETZ. — Jacques Desmarquetz, gouverneur

de l'Hôtel-Dieu, 1558-1562. *Braquehaye fils, Ét. Hospit.*

DESMONTS. — François Desmonts, confesseur des religieuses de l'Hôtel-Dieu, 1675. — André, gouverneur de l'Hôtel-Dieu, 1694-1704. *Braquehaye fils, Ét. Hospit.*

DESPREZ. — Jean Desprez, conseiller de la ville de Montreuil, 1633 à 1634. *Min. des not.* — Antoine Marie Desprez, natif de Maresville, élève du séminaire de S.-Nicolas du Chardonnet à Paris, en 1777. *Arch. nat.*

DESWAGUETS. — Charles Baillon, allié à Anne Deswaguets, en 1663. *Reg. des par.* — Jacques Deswaguets, gouverneur de l'Hôtel-Dieu, 1680-1694. *Braquehaye fils, Ét. Hospit.*

DIEU. — Demoiselle Péronne Dieu, veuve de Guillaume Hertault, vivant premier mayeur de Montreuil, en 1592. — N. Dieu, prêtre et clerc de N.-D. *Min. des not.*

DIEUDONNÉ. — Jean Dieudonné, tient un fief à Campigneulles-les-Petites, 12 mai 1376. *Chart. de Ponth.*

DIGNOPRÉ. — Fief de Dignopré, à Jean Le Noir, écuyer en 1610, et à ses descendants, jusqu'en 1789.

DIMET. — Guillaume Dimet, moine de S.-Saulve de Montreuil, en 1518. *Cart. de S.-André.*

DOBERCOURT. — Noel François Dobercourt, avocat et procureur du Roi à Montreuil, en 1788. *Alm. de Picardie.*

DOBERT. — Sire Pierre Dobert, maître de l'Hôtel-Dieu de Montreuil, 1411-1425. *Titres dud. Hôtel-Dieu.*

DOCOURT. — Geneviève Marguerite Docourt, de Sainte-Ursule, religieuse de l'Hôtel-Dieu de Montreuil, 1684. *Braquehaye fils, Ét. Hospit.*

DONQUERRE. — Simon de Donquerre, abbé de S.-Josse-sur-mer, 1217. — Enguerrand, clerc, témoin d'une charte de Florent, abbé de S.-Josse, 1205. *D. Grenier.*

DORESMIEUX. — Robert Doresmieux, écuyer, sieur de Gransart et de le Cauque, procureur de Mᵉ Nicaise Hourdel, à Montreuil, en 1481. *de Rosny.* — Guillaume, bailli de Waben, vivant en 1528. — Françoise, veuve de Mᵉ Louis du Cay, procureur et notaire à Montreuil, sœur et héritière de défunt Jacques Doresmieux. *Id.*

DORLENCOURT. — Jacques Dorlencourt, religieux de l'abbaye de S.-André, en 1643. *Cart. de lad. abbaye.*

DOUAY. — N. de Douay, prieur de l'abbaye de Ruisseauville, 1728. *Quitt. de lad. abbaye.*

LE DOUCQ. — Jean Le Doucq, doyen de Fauquembergues, en 1450, curé de Parenty, 1454. *Braquehaye fils, Ét. Hospit.*

DOURNEL. — Martin Dournel, abbé de Dommartin, 5 décembre 1626. *Cart.de S.-André.*

DOURRIER. — Gérard de Dourrier, abbé de Dommartin, mort en 1286. — Aubours, *qui eut feme* Heudebert de Dourrier, avait une maison au Mont de Montreuil, 1380. *Aveu de Maintenay.* — Marguerite, religieuse de l'Hôtel-Dieu en 1516. *Braquehaye fils, Ét. Hospit.*

DOUTRELIAUE. — Demoiselle Jeanne Doutreliaue, veuve de Nicole Hourdel, écuyer, sieur de S.-Aubin, remariée à Charles Damerval, demeurant à Montreuil, 1526. *Braquehaye fils, Ét. Hospit.*

DRUCAT. — Waltier de Drucat, moine de S.-André, 1165-1180. *Cart. de lad. abbaye.* — Fiefs à Drucat, à Jean le Sage, au lieu de Jacques Groul, à Arthus de Lhomel, sieur de Saussoy, à Fremin-le-Ver, en 1575. *Fiefs de Ponth.*

DUBOCQUET. — L'abbé Dubocquet, chanoine et premier échevin de Montreuil, 1789. *Reg. de l'échevinage.*

DUBOIS. — Marie Jeanne Isbergue Dubois de S.-François de Salles, religieuse de l'Hôtel-Dieu de Montreuil, en 1788. *Braquehaye fils, Ét. Hospit.*

DUFLOS. — Anne Duflos, de S.-Augustin, religieuse de l'Hôtel-Dieu de Montreuil, 1650. *Titres dud. Hôtel-Dieu.*

DUFOUR. — Wille Dufour, sergent du mayeur, 1425. *Braquehaye fils, Ét. Hospit.*

DUHAMEL. — Charles Duhamel, receveur de l'abbaye de N.-D. de Valoires, 1726. *Not. part.* — François Louis Jérôme, gendarme d'Artois en garnison à Lunéville, Marie Nicolle Françoise, femme de Louis Nicolas Baillon, notaire et procureur à Montreuil, Marie Marguerite Victorine, alliée à Pierre Herlin, Marie Thérèse, demeurant à Abbeville, et Marie Madeleine, demeurant à Montreuil, enfants de François Duhamel et de Nicolle Marie Baillon. *Min. des not. 1776.*

DUMETZ. — N. Dumetz, avocat à Montreuil, en 1781.

DUMONT. — Hubert Dumont, fermier et garde du magasin et grenier à sel de Montreuil en 1575. *Min. des not.*, conseiller de ville à Montreuil, en 1576. — Jean, conseiller en 1583. *Arch. de l'hôtel de ville.* — Jean, gouverneur de l'Hôtel-Dieu, 1533 à 1543. *Braquehaye fils, Ét. Hospit.*

DUMOULIN. — Jean Dumoulin, prieur de S.-Josse-sur-mer, 1688. *Not. part.*

DUPONT. — Philippe Joseph Dupont, sergent royal en la sénéchaussée du Boulonnais, demeurant à Hucqueliers, est nommé bailli d'Enquin, le 16 avril 1769. *Dern. baillis.*

DUPRÉ. — Antoine Joachim Dupré, notaire à Montreuil, 1734. *Arch. de la ville.*

DUPREY. — Marie Josephe Catherine Duprey de S.-Thérèse, religieuse de l'Hôtel-Dieu, en 1785. *Titres dud. Hôtel-Dieu.*

DUPEREY. — Guillaume Duperey, procureur de l'abbaye de S.-Josse-sur-mer, 28 juillet 1637. *Cart. de S.-Josse.*

DUPUIS. DU PUIS. — David du Puis, prêtre et curé de Wailly, 1627. *Min. des not.* — Charles, mari de Françoise Lesselingue, d'où Anne, 1632. *Reg. des par.* — François Dupuis, receveur du temporel de l'Église S.-Pierre de S.-Josse, en 1671. *Min. des not.* — Sœur Marie Dupuis de l'Annonciation, dépositaire des Sœurs grises, 1718. — Gaspard François, fils de François et d'Austreberthe Esgret, allié à Marie Catherine

Boucher, d'où : François Gaspard, avocat en parlement, décédé en 1738, âgé de vingt-huit ans, et Gaspard Joseph Dominique, lieutenant particulier au bailliage de Montreuil, écuyer, sieur du Mégent, marié à Marie Catherine Antoinette Pecquet d'Aigranges, le 12 juillet 1751, dont : Joseph Dominique Gaspard, né en 1762, Julie née en 1763 et probablement Jean-Baptiste Joseph. *Not. part.*

DUQUESNEL. — Porte : *d'argent au chêne de sinople à la cattée de gueules.* Arm. gén. de France. — L'abbé Duquesnel, chapelain de la confrérie de charité de Montreuil, et Mᵉ François, procureur et notaire royal à Nempont, 1637. *Min. des not.* — Gabriel, échevin, 1695. *Reg. des par.*

DURAND. — Mᵉ Durand, curé de N.-D. de Darnetal à Montreuil, 1771. *Alm. de Picardie.*

DUSART. — Michel Dusard, sous-prieur du couvent des Carmes en 1784. *Braquehaye fils, Ét. Hospit.*

DUVAL. — Marie Jeanne Duval de S.-Louis, religieuse de l'Hôtel-Dieu de Montreuil, 1785. *Braquehaye fils, Ét. Hospit.* — M. Duval, lieutenant du Roi à Montreuil, 1789. — Demoiselle du Val de Nampty, alliée à Louis François Henry de Lhomel, écuyer, sieur de Plouy, vers 1789. *Not. part.* — M. Gustave du Val de Nampty, conseiller d'arrondissement de la Somme, décédé à Bus en 1886. — Il était le dernier descendant de la famille du Val, dont la branche aînée illustrée par le marquis de Fontenay-Mareuil, ambassadeur à Rome sous Louis XV, s'est éteinte dans la maison de Pottier, duc de Gesvres. *Id.*

E

ÉCUIRES. — Gautier d'Esquires, témoin d'une charte de l'abbaye de S.-André-aux-Bois, 1188. — Fiefs à Écuires, tenus de Fauquembergue et de Maintenay, à Guérard d'Angard, Grars d'Eudin et Sire de Le Porte, 1380. *Aveu de Maintenay.*

ÉGUERRE. — Claude Antoine Éguerre, clerc laïc de S.-Josse-au-Val, 1770. *Reg. des par.*

EMBRY. — Eustache de Renty, chevalier, sieur d'Embry, d'où Eustache, sieur d'Embry, vivant vers 1350. *D. Gaffiaux.*

ENGUERRAND. — Enguerrand, mayeur de Montreuil, en 1144. *de Rosny. Rech. gén., t. IV.*

ENLART. — Originaire de Montreuil. — Philippe François Enlart, licencié ès-droit, prêtre et chanoine de l'église cathédrale de S.-Omer, et Joseph Ignace Enlart, avocat au conseil d'Artois, portent : *d'or, à 10 losanges de sable accolés trois, trois, trois et un ; écartelé de sinople d'un chevron d'argent, accompagné de trois coquilles de même, 2 en chef et 1 en pointe.* Arm. gén. de France. — On trouve aussi : *d'azur à la cornière d'or. Id.* — François Enlart, sieur de Romont, porte : *d'or à une fasce d'azur, chargée d'une merlette d'argent. Id.* — François Enlart, frère de Marie, femme de Guilbert Le Clerc, 1595, et père de 1° Jean, marié le 9 janvier 1607 à Marie Maisnard, d'où : *a* Jean, allié en 1644 à Marguerite Bélart, d'où Jean, né en 1645 ; Pierre 1646 ; Jacques 1649 ; Marguerite 1652 ; François mari de Jeanne Marie de Lamotte, et père de Jacques François allié le 12 janvier 1722 à Geneviève de Lamotte d'où entre autres enfants : Jean ; Marie-Madeleine 1723 ; Jean Pierre François 1724 ; Jean-Baptiste François 1727 avocat en parlement, mari de demoiselle Marie Marguerite Élisabeth Séraphine Wallart, d'Auxi-le-Château, d'où : Nicolas Marie François, né en 1760, député de Montreuil à la Convention, marié en 1785, à demoiselle Marie Françoise Augustine Poissant d'où descendent M. Oscar Enlart, madame Charles Moleux et madame Louis Carmier.

2° d'Antoine, mari de Scholastique Maisnard, d'où François allié à demoiselle Marguerite du Muret, d'où : A. Jacques 1635, qui suit. — B. Marie Marguerite 1636, femme de Gilles Le Roy ; — C. Antoine, religieux de l'abbaye d'Auchy-les-Moines en 1675, prieur de Beaurains en 1680 ; — D. Jean, 1640 ; — E. Philippe, 1644, et — G. François, conseiller du roi, sieur du grand et petit Beaurepaire, lieutenant général du bailliage de Montreuil, allié en 1666, à demoiselle Madeleine Bertin, d'où probablement 1° Marie Gabrielle, femme de M. Becquet *(Voyez Becquet)* ; 2° Henry, sieur de Beaugorguette, allié le 29 septembre 1710, à demoiselle Antoinette de Hesghes, demoiselle de Bisnay, et 3° François, sieur de Vergnipré. Led. Jacques, écuyer, conseiller du roi, bailli prévotal de Waben, mari de demoiselle Jeanne Lovergne, d'où 1° Jacques ; 2° Philippe, curé de Verton et doyen de chrétienneté, décédé à Montreuil en 1743 ; 3° Grégoire écuyer, conseiller du roi, sieur de Grandval, ancien conseiller au conseil d'Artois en 1746, mari de Françoise de Le Lès, et père de Pierre Grégoire Marie, écuyer, sieur de Grandval, conseiller au conseil d'Artois, et de Guillain René, sieur de Couteauville, conseiller secrétaire du roi à Arras en 1746, d'où postérité. *Not. part. et Min. des not.*

ENQUIN. — Le 26 décembre 1505, Collard Roussel, demeurant à Enquin, vend à Jean Le Brun, procureur à Montreuil, la seigneurie d'Enquin, moyennant 140 livres. — Loys d'Enquin, ancien mayeur second de Montreuil, en 1583, tuteur de sa fille Péronne, veuve de feu Jode Le Roy. *Min. des not.* — Marguerite, religieuse de l'hôpital de Montreuil, 31 décembre 1663. *Titres de l'Hôtel-Dieu.*

ENQUINGHEN. — Fief à Jérôme Morel, mari de Jeanne de Ray, en 1656. *de Rosny, Rech. gén.*

ÉREMBAUT. — Guérard Érembaut, demeurant à Campigneulles-les-Petites, 12 mai 1376. — Guillaume tient fief en la banlieue de Montreuil en 1382. *Compt. de Ponth.* — Colart Érembaut, écuyer, vend à l'Hôtel-Dieu les fiefs qu'il possédait à Campigneulles-les-Petites, 1475. — Jean Érembaut, vend son fief d'Estréelles aud. Hôtel-Dieu. *Braquehaye fils, Ét. Hospit.*

ÉROK. — Charles de Érock, auditeur royal à Montreuil, 1470. *Cart. de S.-Saulve.*

ESCŒUFFEN. — Fief d'Escœuffen aux du Tertre.

ESGRET. — Pierre Esgret, marguillier de l'église N.-D., 1464. *Cart. de S.-Saulve.* — François, échevin de Montreuil, en 1585. — Jean, allié à Marie Hertault, d'où François, né en 1632, Jeanne, 1629, et Philippe, prêtre et curé de N.-D., en 1687. — Jacques Robert, procureur et notaire à Montreuil, marié à Catherine Esgret, fille de Pierre, en 1688. *Reg. des par.* — Madeleine, de S.-Bernard, dépositaire des Sœurs Grises, 1709. *Braquehaye fils.* — Antoine, sieur de Bois-Pascal, lieutenant au régiment de Chartres-infanterie, en garnison de l'île de Ré, fils d'Antoine, sieur de Montéchor et de Marguerite du Crocq, 1725. *Reg. des par.* — Gabrielle Esgret, sœur Marie-Joseph, supérieure des religieuses hospitalières de Montreuil, 1740. *Not. part.* — Philippe, sieur de Senlis, demeurant à Montreuil, 1743. *Id.*

ESGUINEGATE. — Guillebert d'Esguinegate, fieffé de la prévôté de Montreuil, est convoqué pour la guerre en 1337. *D. Grenier.*

Le fief d'Esguinegatte appartenait aux de Fay d'Athies, 1710.

ESPI. — Fief tenu du bailliage de Waben. — Willaume d'Espie de Wisque et Jean d'Espie, fieffés de la prévôté de Montreuil, sont convoqués pour la guerre en 1337. *D. Grenier.*

ESPILARS. — Rake Espilars tient de Maintenay un fief sur le mont d'Airon en 1380. *Compt. de Ponth.*

ESQUINCOURT. — Porte : *écartelé au 1 et 4 de gueules à 3 tours d'or, au 2 et 3 d'argent à 3 fleurs de lys au pied coupé de gueules.* — Le fief d'Esquincourt, pairie de Montreuil, était au sire de Le Porte en 1377 ; on l'appelait pairie de Montreuil, mais il était tenu de Maintenay. *Compt. de Ponth.* — Jean d'Esquincourt, ancien mayeur, mari de Austreberthe Violier, d'où : 1° Adrienne, femme de Nicolas Courtret ; 2° Agnès, alliée à Jacques Wllart, et 3° Nicolas, marié vers 1600 à Catherine Le Roy, fille de Jean, mayeur de Montreuil et de Marguerite Wllart, d'où Nicole. *Not. part.* — Jean, écuyer, sieur de Follemprise, 1600, père de François, père de David, tous deux sieurs de Follemprise. *de Rosny, Rech. gén.*

ESSARTS. — Mᵉ François des Essarts, chevalier, seigneur de Meigneux, Hamelet, Morlay, Marescot, etc., chevalier de l'ordre du roi, gouverneur de Montreuil en 1596, allié à Charlotte du Hamel de Bellenglise, d'où : Jacques, sieur de la Court, Le Candas etc., capitaine de cinquante hommes montés à la légère, en garnison à Montreuil, et gouverneur de cette place. — Regnault, écuyer, mari de demoiselle Marie Ricard, tient un fief sis à S.-Josse, et relevant de l'abbaye de cette ville. *Terr. de S.-Josse.*

ESTRÉELLES. — Clérembaut d'Estréelles est témoin de la confirmation par Didier, évêque de Thérouane, d'une donation de Marie, comtesse de Boulogne, à l'abbaye de Sainte-Austreberthe, de Montreuil, l'an 1171.

Fiefs d'Estréelles à Jean du Biez, 1500, et à Oudart du Biez, en 1531.

ÉTAPLES. — Jean d'Étaples, sieur du Fayel et de Quilen,

fait montre à Arras de 6 écuyers de sa compagnie en 1380 ; il était capitaine de l'église et forteresse de S.-Josse. *de Rosny, Rech. gén.*

EURIN. — A Montreuil. — Jean Eurin, mari de Anne du Rieu, 1592. — Guillaume, allié à Gabrielle Le Bon, d'où : 1° Henry, époux de Marie Dupuis, dont Louis, 1640 ; 2° François, demeurant à Montreuil, allié à Marie Carmier, d'où Jacques, mari de Denise Carpentier en 1668, d'où Antoinette, femme d'Adrien de Roussent, et Jacques, bourgeois de Paris en 1668, et 3° Josette, alliée en 1633 à Antoine du Crocq. *Not. part.* — Josse Eurin, procureur au bailliage de Waben, mari de Marye de Le Rue, petite-fille de Guillaume de Frencq, 1613 *Id.* — Jean, vice-mayeur de Montreuil, en 1592. *Id.*

EUSTACHE. — Eustache, argentier de Montreuil, le 11 février 1144. *Mém. des Antiq. de Picardie.*

F

FASQUEL. — Charles Fasquel, argentier de Montreuil, 1712, son fils, échevin, 1751. *Reg. des par.*

FASQUES. — Martin de Fasques, licencié ès-droit à Montreuil, 1543. *Braquehaye fils, Ét. Hospit.*

FAUCHATRE. — Antoine Fauchatre, demeurant à Montreuil, 1640. — Mᵉ François, curé de S.-Valois et chanoine de S.-Firmin, décédé en 1728. Il avait été curé de Sempy et coadjuteur de l'abbé Deswaguetz vers 1685. *Not. part.* — Demoiselle Marie Halgout, veuve de Gérard Fauchâtre, ancien vice-mayeur de Montreuil, et tante d'Adrien Jean Bosquillon, sieur du Plouy, 1725. *Min. des not.* — Mᵉ Charles, curé de S.-Martin d'Esquincourt et chanoine de S.-Firmin, Jean-Baptiste, officier d'infanterie, Grégoire et Marie Anne, femme d'Adrien de Roussent, héritiers de Mᵉ François Fauchâtre, 1735. *Not. part.* — Marie, alliée à messire Jean Le Monnier, sieur de la Terrasse, ancien officier de cavalerie, demeurant à Pamiers, 1736. *Min. des not.*

FAUQUEMBERGUE. — Le fief de Fauquembergue, dans la banlieue de Montreuil, avec titre de vicomté, était tenu du roi, à cause de son château de Waben, par Jean de Fauquembergue en 1377 ; il en donne aveu le 15 avril 1382. De Jean de Fauquembergue, ce fief passa aux Lourdel ; de ceux-ci aux d'Ostove; Marguerite d'Ostove, alliée à Claude Durre, vicomte de Fauquembergue, par sa femme, en 1672, aïeul de Marie Françoise Durre, qui porte ce fief à un Lamiré, père de Charlotte-Claude de Lamiré, mariée en 1754, à Jean-Baptiste Loisel Le Gaucher, sieur de Fauquembergue, par sa femme. — Jean, mayeur de Montreuil, 1377. *Cart. de S.-Saulve.* — Jean, bailli de Waben, 1380. *Cart. de S.-André.* — Mᵉ Nicole fait hommage au roi d'un fief à Montreuil et à Wailly, le 10 décembre 1402. *Cœuill. de S.-Pierre.*

FAY. — Mᵉ Alexandre de Fay, curé de N.-D. à Montreuil, en 1710. *Reg. des par.* — Philippe du Fay, bailli de Vilmarest, 1769. *Dern. baillis.*

LE FAYEL. — Porte: *d'azur au sautoir de gueules accompagné de 4 merlettes de même.* — Le seigneur du Fayel, fieffé de la prévôté de Montreuil, comparaît pour la guerre, en 1337. *D. Grenier.*

Fief du Fayel de Preures, sis à Preures, à Claude Helbert, demeurant à Enquin, dont demoiselle Catherine Le Thueur était veuve en 1662.

LE FÉE. — Jacquemart Le Fée, auditeur à Montreuil en 1353. — Jacques, procureur en 1380, avocat et procureur spécial, 1407. *Cart. de S.-André.* — Mᵉ Jean, père de noble h. Jean Le Fée, 1444. — Feu Mᵉ Jean, sieur d'Ainocq, 1464. *Titres de l'Hôtel-Dieu de Montreuil.*

FÉRAU. — Jean Férau, prêtre à Montreuil, 1426. *Titres de l'Hôtel-Dieu.*

FERNEHEN. — Fief de Fernehen-lès-Bus, à Mᵉ Nicolas Bersin, procureur du roi à Montreuil, époux de Marie d'Ostrel en 1569 ; à Ambroise de Mâcon, en 1707, aux droits de Suzanne de Bersin, femme en 1609, de Jean-Jacques de Mâcon, écuyer, sieur de Monval. — Jacques Le Vasseur, sieur de Fernehen, demeurant à Montreuil, mort avant 1726.

FERQUES. — Jeanne de Thubeauville, dame de Ferques, en 1570. *de Rosny, Rech. gén.*

FERTÉ. — Robert de la Ferté, doyen de chrétienneté à Montreuil, 1295. *Cart. de S.-Saulve.*

FERTIN. — Jérôme Fertin, écuyer, sieur d'Avesnes, Verron etc. lieutenant au gouvernement de Rue par commission du 25 février 1574, allié à Anne de Lisques. En récompense de ses services, le roi Henri III lui donne pour neuf ans, la Vicomté des bateaux qui arment sur la côte de Berck, Cucq, et Merlimont, par lettre du 25 février 1586, concession confirmée pour trois ans par Henri IV, en 1594. *de Rosny, Rech. gén.* — M° Jean Fertin, prêtre et curé chapelain de Wailly, en 1687. *Min. des not.*

FICHEUX. — Alexandre Ficheux, prêtre et choriste de N.-D. de Montreuil, 1687. *Reg. des par.*

FIENNES.—Josse de Fiennes, dit la Planche, écuyer, docteur en médecine et médecin du Roi en son fort de Villeneuve d'Outreau, vers 1549, père de Furcy et de Madeleine, femme de Nicolas Malingre procureur à Montreuil. *de Rosny, Rech. gén.*

FIÉRARD. — Originaire d'Étaples. — Porte : *d'or à un chef de sinople, chargé d'une macle d'argent.* Arm. gén. de France. Fiérard d'Aunes, chevalier en 1343. *Reg. du Parlement.* — Marquet Fiérard, fils de Nicolas, homme de l'église S.-Michel d'Étaples, 1540. *Fiefs du Boulonnais.* — Charles et Marc, déclarent leurs fiefs en la sénéchaussée du Boulonnais, 1571. *Id.* — Nicolas Fiérard, mayeur d'Étaples, allié à Adrienne de Sarthon, d'où : 1° Charles, mari de Jodette Noël, d'où : Claude, demeurant à Montreuil, 1601 et Catherine, alliée en 1592, à Christophe Le Pottier, notaire et procureur à Montreuil, d'où postérité. 2° Marc, mayeur d'Étaples, en 1613, mari de Marie Maressart. 3° Hugues, marié a Antoinette Gambier, d'où *a* Marc qui suit. *b* N., femme de Robert de Lobel ; *c* Marguerite, femme de Jean de Lattre ; *d* N. alliée à Nicolas Bayart ; *e* Marie, femme de Jacques Bélart, notaire et procureur à Montreuil, dont postérité. Le d. Marc, marié en premières noces à Nicolle Wallois, remarié en 1633 à Madeleine de Lhommel, d'où Antoine, sieur de Beaucorroy, allié le 26

juin 1684, à Marie de Poilly, d'où : Marie-Madeleine, veuve
en 1735 de M° Louis de Belledame, écuyer, sieur d'Ingre-
ville. — 4° Claude, marié à Marie Gambier, d'où : Nicolas
demeurant à Paris, 1633 ; Hugues, échevin de Montreuil, 1630 ;
Claude, demeurant à Boulogne 1620 ; Adrienne, mariée à
Antoine du Crocq, d'où postérité ; Marie, femme de Michel
Le Poulctier, d'où postérité et Françoise alliée le 1er 1610, à
Jean de Lhommel. *Not. part.* — Jean, mayeur d'Étaples, 1600.
— Marc Fiérard, vend le mardi 17 janvier 1612, à François
Guérard, sieur de Sorrus, le fief d'Hiermont situé à Nem-
pont S.-Firmin, pour le prix de 15 livres. *Not. part.* — Jean
Deladehors, cavalier de la compagnie de Mgr Le Comte de
Lannoy, marié en 1639, avec Françoise Fiérard, en présence
de Hugues, Charles, Isaac et Marc Fiérard, ses oncles. *Arch.
de la ville.* — François Enlart, conseiller du Roi et son lieutenant en la mairie, allié le 4 juin 1712, à Barbe Fiérard.
Reg. des part. — Philippe, soldat invalide, demeurant à Boulogne, neveu et héritier de Nicolas Fiérard. *Min. des not.* —
Cette famille s'est divisée en de nombreuses branches, qu'il
m'a été impossible de rattacher les unes aux autres. Elle paraît
s'être éteinte à la fin du siècle dernier.

FIERBRACHE. FIERBRASE. — Sire Waly Fierbrache,
prêtre, Robert, Robin et Jeannette sa fille, Vincent et Jean son
fils, Guiot, Pierquin, Perret, Escurin, Olivier, Gillart et Catherine Fierbrache, sont mentionnés dans les titres de l'Hôtel-Dieu,
de Montreuil. — Guiffroy, demeurant à Escuires, 12 mai 1376.
Chart. de Ponth. — Hugues dit Fierebrache, censier de la maison du Val-des-Lépreux, 1387. *Cart. de S.-Saulve.* — Antoine
Fierbrase, lieutenant de Beaumery, 1657. *Titre vu.*

FIESCOURT. — Jean de Fiescourt, écuyer, tient fief du bailliage de Waben, en 1377. *Compt. de Ponth.*

FILLESACQ. — Guyot Fillesacq, demeurant à Montreuil en
1547. *Titres de l'Hôtel-Dieu.*

FISSET. — Porte : *d'argent au chevron d'azur accompagné de 3 ?*entefeuilles *de gueules, 2 et 1*. — Guillaume Fisset, bailli du ?tot, allié le 6 octobre 1624, à Marie Queval, fille de Robert, écu?er sieur de Quenneval et de Marie Willecot. Il demeurait à Mon??euil en 1647, qualifié sieur de Bergues 1647, demeurant ordina?????? ?u château de Desvres. — Claude, sieur de Bergues, 1681. *de Rosny*.

FLAHAUT. — Isaac Flahaut, abbé de S.-André, mort avant 1466. *Cart. de S.-André*. — Adrien Flahaut, mari de Jeanne Le Prêtre, en 1560. *Terr. de N.-D. de Boulogne*. — Adrien, demeurant à Étaples 1572. — Jean, mari d'Antoinette de S.-Jehan et Messire François de Hesghes, cousins de Jeanne Rifflart, 1578. (Voyez *Bayart*.) — M⁰ Laurent, mayeur d'Étaples, 1616. — Laurent, sieur d'Halinghem, procureur du roi à Étaples, 1650. — Louis, sieur dud. lieu 1668. — Robert, sieur de Rombly, 1699. — Adrien Flahaut et Nicolle de Lamotte sa femme, demeurant à Montreuil, 1700. *Not. part*. — Marie Louise Olympe Flahaut, fille de Gabriel Amable, sieur de la Motte, avocat, et de Marie-Madeleine Barbier, allié vers 1745 à Josse Antoine de Lattre, sieur du Rosel. *de Rosny, Rech. gén*. — Marie Louise Rose, sœur de S.-Augustin, religieuse de l'Hôtel-Dieu, vers 1785. *Braquehaye fils, Ét. Hospit*.

FLAMENG. — Jacques Flameng, tient fief de Maintenay et un autre fief en 1363. — Honoré, mayeur de Waben, 1364. *Hist. des mayeurs d'Abbeville*. — Jacob Le Flament, curé de S.-Martin d'Esquincourt, 1448. *Cart. de S.-Saulve*.

FLAMICHON. — Marie Bigorne, veuve de Charles Flamichon, propriétaire d'une maison à Montreuil, 1640. *Titres de l'Hôtel-Dieu*.

FLANDRE. — Jean de Flandre, demeurant aux Granges près Écuires, 1582. *Min. des not*.

FLESCHIN. — Porte : *d'or à 3 faces de sable*. — Marie de Fleschin, religieuse de S.-Austreberthe, vers 1530. — Anne, abbesse de S.-Austreberthe vers 1550. *Arch. de la ville.*

FLEUR. — M. Paul Fleur de Montagnes, prévôt de Montreuil en 1545, à la place de M. Gilles d'Osterel. *D. Grenier.*

FLOBERT. — N. Flobert, échevin de Montreuil, en 1770 *Alm. de Pic.*

FLORET. — Jean Floret et Alix Morel sa veuve, Thomas et Laurence, sont mentionnés dans les titres de l'Hôtel-Dieu de Montreuil.

FOIART. — Antoine Foiart, notaire et procureur au bailliage de Montreuil, allié à Marie de Lhomel, d'où Catherine ; Marie Jeanne ; Claire, femme de Mᵉ Jean Desprez, notaire à Montreuil, d'où Jacques et mariée en secondes noces à Mᵉ François de Lengaigne, sieur du Quesnoy, demeurant à Montreuil, d'où postérité, 1618. *Not. part.* — Antoine Foiart le jeune, notaire à Montreuil, 1628. *Reg. des par.* — Demoiselle Catherine du Bus, femme d'Antoine Foiart 1629. *Not. part.*

FOLLEMPRISE. — Jean d'Esquincourt, sieur de Follemprise, 1600, père de François, père de David, tous qualifiés sieurs de Follemprise. *de Rosny.*

FOLLIE EN BOULLONNAIS. — Porte : *de sable à la croix pleine d'argent.* — Mʳᵉ Bruiant de la Follie, fieffé de la prévôté de Montreuil, est convoqué pour la guerre en 1337. *D. Grenier.* Ferme de la Follie, près Zoteux.

FOMEL. — Jean Fomel, marchand à Montreuil en 1587. *Min. des not.*

FONTAINE. — Robert de Fontaine d'Airon, 12 mai 1376. *Chart. et Compt. de Ponth.* — Pierre Fontaine, maître orfèvre à Montreuil en 1592. *Min. des not.* — Nicolas Melchior, nommé lieutenant en la communauté des Barbiers etc., le 9 juillet 1781. *Not. part.*

LA FONTAINE. — Jean de la Fontaine, franc homme de l'abbaye de S.-Saulve en 1287. *D. Grenier. vol. XLVI.* — Josse mari de Gille, veuve de Jacquemart de La Motte, Jean et Colaye sa sœur, Génevois, Notinet, Enguerrand et Honoré de La Fontaine, sont mentionnés dans les titres de l'Hôtel-Dieu de Montreuil.

FORBRAS. — Marie Françoise Adélaïde Forbras, décédée novice de l'Hôtel-Dieu, vers 1780. *Braquehaye fils, Ét. Hospit.*

FORDES. — Rolland de Fordes, mentionné dans l'aveu de Maintenay, comme possesseur de terres tenues de Robert d'Estréelles, 1380.

FORESTEL. — Les hoirs de Robert de Forestel, devaient hommage à l'abbaye de Dommartin, 1250. — Jugles Poultier sieur de Forestel, 1612. *de Rosny, Rech. gén.*

FORESTIER. — Porte : *de sable à une barre d'or, chargée d'une molette de sinople.* Arm. gén. de France. — Jean Forestier, tenancier de l'évêché de Thérouanne en 1530. — Robert de Lespine, sergent royal au bailliage de Waben et Jeanne Forestier, sa femme, 1574. *Min. des not.* — Nicolas, curé de Brimeux, 1696. *Arm. de France.* — Norbert Forestier, vice-mayeur de Montreuil, mari de Nicolle Le Blond, d'où 1° Nicolle ; 2° Marie Anne ; 3° Norbert et 4° Nicolas, capitaine d'artillerie en 1744. *Not. part.* — Noble homme Jean, avocat du roi au bailliage d'Amiens, 1551. — François, sieur de Fressenville, 1610. *de Rosny, Rech. gén.* — Claude Forestier, avocat au parlement, porte : *de gueules à un éléphant d'or portant sur son dos à 3 bezans d'or une tour de même massonnée d'or.* Arm. gén. de France.

FORESTS-MONTIERS. — Jean de Forests-Montiers, abbé de Dommartin, docteur de la faculté de Paris, mort le 16 mars 1350.

FORS. — Payen de Fors, échevin de Montreuil, en 1173. *de Rosny, Rech. gén.*

LE FORT. — Guillaume Le Fort, gouverneur de l'Hôtel-Dieu, 1517. *Titres dud. Hôtel-Dieu.*

FOSSEUX. — Jean de Fosseuls, et demoiselle Liénarde, sa

femme, Robert leur fils et M⁰ Ernoul de Fosseuls, maître et gouverneur de l'hôpital de Montreuil, sont mentionnés dans les titres de l'Hôtel-Dieu, 1428.

FOUGEROUX. — François de Fougeroux, écuyer, sieur de Campigneulles, chevalier de S.-Louis, ancien officier de dragons au régt. d'Orléans, demeurant à Montreuil, 1772.

FOULERS DE RELINGUE. — M. Foulers de Relingue, ingénieur en chef de la place de Montreuil, en 1774. *Not. part.*

FOULLON. — Hippolyte et Claude, religieux de S.-Saulve, le 31 décembre 1663. *Cart. de S.-André.* — Sœur Hippolyte Foullon, religieuse de l'Hôtel-Dieu, vers 1650. *Braquehaye fils, Ét. Hospit.*

FOUQUERIE. — Willaume Fouquerie, à Wailly. 1375.

FOUQUESOLLES. — Willaume de la Haye, sieur de Fouquesolles, fieffé de la prévoté de Montreuil, 1337.

FOUQUET. — Catherine Fouquet de S.-Marthe, religieuse de l'Hôtel-Dieu, vers 1650. *Braquehaye fils, Ét. Hospit.*

FOURDIN. — Jean et Adam Fourdin, mentionnés dans les titres de l'Hôtel-Dieu de Montreuil, 1380.

FOURDINIER. — Christophe Fourdinier, cavalier de la compagnie du sieur de Meigneux, en garnison à Montreuil, en 1594. — Louis, présente un fief en Boulonnais, en 1572. — Nicolas, demeurant à Montreuil, receveur de Frencq et de Courteville en 1699, achète le fief de Rémortier en 1712. *de Rosny, Rech. gén.* — Nicolas, avocat en parlement, sieur de S.-Michel, allié en 1720 à Marie Louise Morel du Valay d'Esquinghen *Arch. de Boulogne.* — Nicolas, sieur de Rémortier et du grand et du petit S.-Michel, lieutenant criminel en la sénéchaussée du Boulonnais, allié à Marie Louise Marguerite Brunel du Bus, d'où Marie Jeanne, née en 1726 et Nicolas Marie Pantaléon en 1730. — Nicolas, écuyer, sieur de S.-Michel, père de Françoise Honorée Philippine, donataire de Jean-Baptiste Fourdinier de Remortier, abbé de Doudeauville. — Marie Anne, mariée en

1730 à Georges du Mont, sieur et acquéreur de la terre de Courset, qualifié baron de Courset en 1730. *de Rosny, Rech. gén, et Arch. de Boulogne.*

FOURNIER. — André Fournier, procureur et receveur de l'abbaye de S.-Josse-sur-Mer, 1547. *Arch. du département.*

FOURNY. — Marguerite Fourny, femme de Nicolas Pelet, sieur de la Sussoye, avocat à Montreuil. *de Rosny, Rech. gén.*

FRAMERY. — Originaire du Boulonnais. — Porte : *écartelé au 1 et 4, d'argent au lion de sable, armé et lampassé de gueules. l'écu semé d'hermines; au 2 et 3, d'or à la croix anchrée de gueules.* Arch. du Boulonnais. — Marguerite Framery de S.-Ursule, religieuse de l'Hôtel-Dieu 1758. *Braquehaye fils, Ét. Hospit.* — (Voyez la généalogie de cette famille dans les Rech. gén. de M. de Rosny.)

FRAMEZELLES. — En Boulonnais. — Porte : *d'azur à 3 lions d'or.* du Cange. — Mahieu et Jean de Framezelles, fieffés de la prévôté de Montreuil, sont convoqués pour la guerre en 1337. *D. Grenier.* — François, sieur de Hesmont est un des principaux bienfaiteurs de la Chartreuse de Neuville, fondée en 1323 par Robert III, comte de Boulogne. *Compt. de Ponth.*

FRANCE. — Wiart de France, auditeur à Montreuil, 9 mars 1382, tient fief de l'abbaye de S.-Saulve. *de Rosny, Rech. gén.* — Freshescende de France et ses fils donnent à l'abbaye de S.-Josse, la terre de Merlimont, en 1444.

FRANCQUIGNY. — Nicolas de Francquigny, sergent à verge de la terre et seigneurie de Verton, demeurant à Montreuil, 1587. *Min. des not.*

FRANCIÈRES. — Philippe de Francières, chevalier, signe une donation de Robert de Montreuil, chevalier, aux lépreux d'Abbeville en 1195. *de Rosny, Rech. gén.*

FRANÇOIS. — Me Pierre François, notaire à Neuville, bailli de Preurelles, Écœuffen, Trois-Marquets, le 29 avril 1764. *Dern. baillis.*

FRANCOME. — Bernard Francome, à Montreuil, 1585. *Min. des not.*

LE FRANSQUIER. — Wautier le Fransquier, tient fief à Waben, 12 mai 1376 et à Maintenay, le fief de Tibermont, 1380. *Compt. de Ponth.*

FRANSSU. — M⁰ Enguerrand, sieur de Franssu, chevalier passe la revue à Montreuil, sous Aubert de Renneval, chevalier, son capitaine, le 1ᵉʳ mai 1410. *de Rosny. Rech, gén.*

FRENCQ. FRANCQ. — Jacques de Francq, *li joule*, demeurant à Montreuil, achète le quint de Tortefontaine, de Robert du Ploich, en 1428. — Eustache, comte de S.-Saulve, sieur de Frencq, 1120, 1130. — Feu Nicaise Hourdel, sieur de Frencq, 1510. *Cart. de S.-André.* — Jode Le Francq, lieutenant de la terre et seigneurie de Wailly, 1582. *Min. des not.* —

FRÉSICOURT. — Jean de Frésicourt, écuyer, tient du roi, sa seigneurie de Frésicourt-les-Nempont, à cause du bailliage de Waben ; il tient aussi un fief de Dourrier en 1377. *Compt. de Ponth.*

FRESNAIS. — Charles de La Fresnais, assesseur à l'échevinage de Montreuil, de 1694 à 1702. *Not. part.* — Henriette Madeleine de la Fresnais, décédée novice de l'Hôtel-Dieu, 1720. *Braquehaye fils, Ét. Hospit.*

FRESNE. — Jean du Fresne, sergent d'armes du roi, père de Jean, bourgeois de Calais, qui servit comme écuyer, sous le maréchal d'Audrehen, et après la prise de Calais, fut prévôt de Montreuil, père de Guillebert et de Jean, bailli de Bapaume, 1214 — Guillebert, écuyer, châtelain de Montreuil, père de Jean, écuyer, vivant en 1411. *Nob. de Picardie.* — Henry de Frêne, échevin de Montreuil, 1376. *Cart. de S.-Saulve.*

FRET. — Claude Fret, sergent royal à Montreuil en 1570. *Not. part.*

FRÉVENT. — Anselme de Fervench est témoin d'un différend entre Jean, comte de Ponthieu. et Florent, abbé de S.-Josse, en 1204, *Chart. de Ponth.*

FRICOURT. — Porte : *d'argent à 6 losanges de sable,* vers 1380. D. Grenier. — Guillaume de Fricourt, témoin d'une charte de Guillaume, comte de Montreuil, juillet 1208. *Id.*

FROMANTEL.—Louis de Fromantel, auditeur à Montreuil, 1532. — Nicolas, notaire dans lad. ville en 1559, receveur de Belle en Boulonnais en 1561. *de Rosny, Rech. gen.*

FROMESSENT. — Donation en 1207, aux lépreux du Val, par le seigneur Gautier de Montreuil, confirmé par Renaud de Fromessent, son frère et héritier. *de Rosny, Rech. gén.* — Lancelot de Fromessent, tué à la bataille d'Azincourt. *Monstrelet.* — Jean Le Gressier, bailli de Fromessent, en 1458.

FRUGES. — Mᵉ Warin de Fruges, chevalier, homme de Beaurains, 1253.— Pierre, sergent royal à Montreuil en 1506, desservant fief en 1507. — Jeannet, 1520. *Cart. de S.-André.*

FUSILIER. — Jean Pierre Fusilier, ancien échevin de Montreuil en 1706, mari de Marie Hardy, d'où : Antoine échevin, allié à Marie Antoinette de Lattre, d'où Antoine Grégoire, mort célibataire en 1789 et Marie Anne, mariée en 1739 à Antoine Cailleu, sieur du Frien, notaire et procureur à Montreuil, d'où postérité. *Not. part.* — La famille Fusilier est éteinte.

FUZELIER.—Jacques Le Fuzellier, écuyer, sieur de Dunnes, demeurant à Montreuil donne en 1696 ses armes qui sont : *d'argent, à une fasce de sable, chargée d'une croisette d'or.* Arm. gén. de France.

G

GAIDRE. — Tassart Gaidre, bourgeois de Montreuil, 1319. *Cart. de S.-André.*

GAISSON. — Robert Gaisson tient fief de Maintenay en 1363. *Compt. de Ponth.*

GALBART. — Antoine Galbart, lieutenant du capitaine du Roi à Montreuil, 19 novembre 1471, échevin de Montreuil en 1464. *Titres de l'Hôtel-Dieu.* — Feu Baudin Gallebart et Mehaut de Thubiauville, sa femme, 1465.

GALLAND. — Jean Galland, fieffé de la prévôté de Montreuil, et demoiselle Alaise Galande, fieffée de S.-Riquier, sont convoqués pour la guerre, en 1337. *D. Grenier.*

GALOPIN. — Michel Galopin, sieur de Sempy en Appe, 1623. *Min. des not.*

GAMACHES. — Colart de Gamaches, prévôt de Montreuil, vers 1410. *Not. part.*

GAMBIER. — Porte : *d'azur à 2 bandes d'or, cantonnées de quatre étoiles d'argent.* Waignart. — Jean Gambier, sieur de Hiercourt, a des fiefs à Airon, Wailly etc. *de Rosny, Rech. gén.* — Fief à Ligescourt, à Jean Gambier, en 1575. *Compt. et fiefs de Ponth.* — Jean Gambier, à Étaples en 1600. *Not. part.* — Demoiselle Marie de Hardouin, veuve de Jean Gambier, 1528. *Not. part.*

GARBE. — Laurent Garbe, curé de S.-Josse en 1671. *Min. des not.* — Philippe François, procureur d'office, de Marles, le 7 mai 1763. *Dern. baillis.*

GARCHON. — Robert Garchon, tient un fief, de l'abbaye de S.-Josse, en 1587. *Terr. de lad. abbaye.*

GARDE. — Porte : *d'azur à la tour enflammée de gueules.* — Isabeau de la Garde, alliée avant 1634, à Jacques Guérard, écuyer, sieur de Sorrus et de Campigneulles ; elle était fille de Jean et de Madeleine de Canteleu. *de Rosny, Rech. gén.*

GARDIN. — Willaume du Gardin, demeurant à Wailly, 12 mai 1376. *Chart. de Ponth.* — Ansel tient un fief à Waben, 1380. *Id.*

GARET. — Antoine François Garet, natif de Montreuil, élève du séminaire de S.-Louis à Paris, le 13 octobre 1789. *Arch. nat.*

GARGAN. — Porte : *de gueules à 2 fasces d'argent.* — D. Grenier. — Julien Gargan, sieur de Rollepot, allié en deuxièmes noces à demoiselle Jeanne de Lozière, vers 1620. *D. Grenier.* — Jean, receveur de la châtellenie d'Hesdin, 1465 à 1469. *Id.*

GARIN. — Henri Garin, pair de Maintenay, pour le fief qui fut à Robert Cointeriaulx, 1380. *Compt. de Ponth.*

GARLET. — Thomas Garlet, sergent à verge, à Wailly, 1637. *Min. des not.*

GAU. — Denis Gau, maître-jardinier à Montreuil, en 1597. *Min. des not.*

GAUDEFROY. — Guillaume Gaudefroy, père de Jeannin et de Martinet, mentionnés dans les titres de l'Hôtel-Dieu de Montreuil, 1468. — Nicolas Gaudefroy, chanoine de S.-Firmin, 1550, gouverneur de l'Hôtel-Dieu, de 1552-1558. *Titres dud. Hôtel-Dieu.* — M. Godefroy, vicaire de N.-D. 1780. *Not. part.*

GAUDIMEZ. — François du Bosquet, écuyer, sieur de Gadimetz, achète à l'abbaye de S.-Josse, la terre d'Airon, moyenant le prix de 1450 livres, en 1563. *Cart. de lad. abbaye.* — N. de Gaudimetz, gentilhomme, porte : *de sable, à un chevron écartelé d'argent et de sinople.* Arm. gén. de France.

GAUTIER. — Jean Gautier, mayeur d'Étaples, en 1569. *Arch. d'Étaples.*

LE GAYE. — Claude Le Gaye, curé de Wailly, 1696 porte : *de sinople à un chevron d'or, chargé à la pointe d'un annelet de sable.* Arm. gén. de France.

GÉDOYN. — M° Henry Gédoyn, écuyer, sieur de Carnetin, décédé à Buires, vers 1780, grand-oncle de Henry Soutan, demeurant à Paris. *Min des not.*

GENCE. — Marc Benoit Gence, marguillier de S.-Valloy, 1733. *Reg. des par.* — N. Gence, commis-greffier de la juridiction des traites, à Montreuil, 1781. *Alm. de Picardie.*

GERMAIN. — Pierre-Joseph Germain, demeurant à Clenleu, nommé procureur fiscal du marquisat de Mailly-Montcavrel, le 1ᵉʳ décembre 1776. *Dern. baillis.*

GHIS. — Georges Ghis, religieux de S.-André-aux-Bois, 10 avril 1705. *Cart. de lad. abbaye.*

GIEMMES. — Adam de Giemmes, chevalier, bailli de la terre de Goy, 1248, pair de Beaurain 1253, sieur de Gièmes, père d'Eustache, mort avant 1263. *Cart. de S.-André.*

GILLOT. — Marie Gillot de S.-Joseph, religieuse de l'Hôtel-Dieu, vers 1670. *Braquehaye fils, Ét. Hospit.*

GLORIAUD. GLORIAUT. — Pierre Gloriaut, auditeur à Montreuil, en 1407. — Jean et Guillemin, sont mentionnés dans les titres de l'Hôtel-Dieu de Montreuil. — Guillaume, chargé de procuration, 1507. *Compt. du baill. d'Hesdin.* — Nicolas, échevin de Montreuil en 1589, mari de Péronne Denquin, veuve de Jode Le Roy, d'où postérité. *Min. des not.* — Gilles, greffier civil et criminel à Montreuil et Marie Galoppin, sa femme, en 1631. *Id.* — Nicolas, argentier de Montreuil, décédé en 1652. *Reg. des par.*

GLYCOURT. — Julyanne de Glycourt, veuve de Jean du Bos, demeurant à Écuires, le 21 février 1597. *Titre vu.*

GOBERT. — Charles Gobert, notable de Montreuil, en 1768. *Alm. de Picardie.*

GOCE. — Mehaut de le Goce, tient un fief près de Montreuil,

de Willaume de Le Porte, écuyer, en 1367. *Compt. de Ponth.*

GODART. — Antoine Godart, religieux et procureur de S.-André-aux-Bois en 1631, prieur en 1663, abbé en 1681, *Cart. de lad. abbaye.*

GOFFÈTE. — Nicolas Goffète, lieutenant du prévôt de Montreuil, 21 février 1485. *Titres de l'Hôtel-Dieu.* — Guillaume Goffeste, licencié ès-lois, garde de la prévôté de Montreuil, en 1510. *Cart. de S.-André.*

GOIRES. — Philippe de Goires, notaire, procureur, conseiller et garde du scel à Montreuil, en 1526. *Cart. de S.-André.*

GOMMER. — Jean Gommer, écuyer, prévôt de Montreuil, 13 juillet 1433. *Cart. de S.-Saulve.*

GONIS. — Demoiselle Marguerite de Gonis, femme de Jacques Biaré, marchand à Montreuil, en 1721. *Braquehaye fils, Ét. Hospit.*

GONNEVILLE. — Nicolas de Gonneville, auditeur à Montreuil, 1492. *Cart. de S.-Saulve.*

GORDES. — Raoul Gordes donne deux champs à l'abbaye de S.-Josse, en 1144. *Titres de lad. abbaye.*

GORGUETTE. — Robert Gorguette, demeurant à Montreuil, vers 1450. *Titres de l'Hôtel-Dieu.*

GONNEVILLE. — Nicolas de Gonneville, greffier de la prévôté de Montreuil, 1485. *Titres de l'Hôtel-Dieu.* — Jean, auditeur à Montreuil, mars 1503. — Nicolas, procureur et conseiller, et Laurenche Loisel, sa femme, 1499. — Linor, leur fille, femme d'Oudart Bouchiquel, 1510. *Cart. de S.-André.* — Jacques, demeurant à Montreuil, en 1464. *Titres de l'Hôtel-Dieu.*

GOUBERVILLE. — Jean de Gouberville, procureur général et messager spécial à Montreuil, en 1434. *de Rosny, Rech. gén.*

LE GOUDALLIER. — Jean Le Goudallier, demeurant à Montreuil, 1444. *Titres de l'Hôtel-Dieu.*

GOULLET. — Pierre Goullet, marchand à Montreuil, en 1594. *Min. des not.*

GOURDEIL. — Jean de Gourdeil, sieur de S.-Jean, commis aux traites de Montreuil 1665-1676. *Cart. de S.-André.*

GOURDIN. — Ansel Gourdin, teste à Abbeville en 1604. Il était ancien juge des marchands d'Abbeville, fils de M° Philippe et de Jeanne Gallet, et frère de Jean, mari de Gabrielle Morel, qui avait pour fils Ansel Gourdin, 1604. *Not. part.* — Michel Gourdin, maître chirurgien à Montreuil, allié à Marie de Lamarre, d'où Pierre, également chirurgien, marié à Marie Monbailly, d'où Louise, veuve en 1708 de Charles Herbet, dit Joncquille, employé dans les fermes du roi, à Montreuil. *Min. des not.* — Michel Gourdin, religieux bénédictin et prédicateur célèbre, fils de Michel et de Marie de Lamarre, né à Montreuil en 1641, mort dans l'abbaye de S.-Remy de Reims, le 27 septembre 1708.

GOURNAY. — Guillaume de Gournay, demeurant à Clenleu, 1582. *Min. des not.*

GOUY. — Oudart de Gouy, écuyer, demeurant à S.-Josse, 1581. *Min. des not.* — Jean de Lhomel, allié le 23 décembre 1765 à demoiselle Marie Françoise Charlotte de la Houssaye de Neuvilette, Dame de Gouy. *Reg. des par.*

GOY. — Eustache de Goy, un des bienfaiteurs de l'abbaye de S.-Josse, en 1144. *Biblioth. nat.* — Willaume et Jean de Goy, fieffés de la prévôté de Montreuil, comparaissent pour la guerre en 1337. Ils portent : *de sable à la bande fuzellée d'argent.* D. Grenier. — Ferry de Goy, sieur de Margremont, signe la coutume de Montreuil en 1507.

LE GRAND. — Marie Le Grand, religieuse de l'Hôtel-Dieu, 1464. *Titres dud. Hôtel-Dieu.* — Guillaume, marguillier de l'Église S.-Walloy, 1473. *Id.* — Jean Le Grant, curé de S.-Josse au Val, 1448. *Cart. de S.-Saulve.*

GRAND-JARDIN. — Fief sis à Beutin, à Grégoire de Lhomel, vice-mayeur de Montreuil, sieur du Grand-Jardin en 1725, par succession de son oncle, François Hédoux. *Not. part.*

GRANDSIRE. — Jean Grandsire, allié à Jeanne Fiérard, veuve en 1662. *Not. part.* — M° Grandsire, curé de la Calotterie, en 1712. *Arch. de la Calotterie.*

GRANGES. — Carbonnel des Granges tient du roi son fief des Granges, près de Wailly, en 1337. *Compt. de Ponth.* — Jean, fils de Tassart, tient un fief de Campigneulles-les-Petites, 1376. Honoré des Granges et Jacques de Lhommel, tiennent ensemble une pièce de terre à Sorrus, au bois de la flaque à Coulons, 1563. *Titres de l'Hôtel-Dieu.*

LE GRART. — Engrand Le Grard, dit *le Carpentier*, et Jeanne de Campigneulles, sa femme, 12 mai 1376. *Chart. de Ponth.*

GRAVELLE. — Perinne de la Gravelle, veuve de Jean de Morainville. *Titres de l'Hôtel-Dieu de Montreuil.*

GREBERT. — Bertin, Gillart, Jean, Pierre et Willaume Grebert, sont mentionnés dans les titres de l'Hôtel-Dieu de Montreuil.

GREDIN. — Guillaume, Jeannet et Porrus Gredin, sont mentionnés dans les titres de l'Hôtel-Dieu de Montreuil, 1480.

GRENIER. — Pierre Grenier, abbé de S.-André-aux-Bois, mort en 1511. *Cart. de lad. abbaye.*

GRESSIER. — A Étaples. — Collenet Le Gressier, avait un fief tenu de Tingry et Jean Le Gressier un fief tenu de M° Charles de Saveuse en 1477. *État du Boulonnais.* — Ferry, écuyer, sieur de la Grave et de Pittefaux et autres fiefs à Étaples et ailleurs, bailli féodal, mayeur d'Étaples, comparaît avec la noblesse du Boulonnais en 1550, allié à Antoinette de Camoison, d'où Jacques, vivant en 1566. *de Rosny, Rech. gén.* — Jean Gressier, sergent à cheval à Béthune, 11 avril 1466. *Cart. de Gosnay.*

Claude Gressier, ancien mayeur d'Étaples en 1682, mari de Marie Louise Nayez, d'où : Claude, sieur de la Grave, mayeur d'Étaples allié à demoiselle Marie Louise du Riez, d'où : 1° Marie Louise, femme de Jean-Baptiste de Lhomel échevin de Montreuil, dont postérité ; 2° Claude, mayeur d'Étaples, mari de demoiselle Marie Anne du Rieux ; 3° Bonaventure, sieur de la Grave, écuyer, chevalier de S.-Louis, commissaire ordonnateur des guerres, allié à demoiselle Geneviève Françoise de Montmerqué, d'où : A. — Bonaventure Louis, sieur de la Grave, officier au régiment de la Marche, chevalier de S.-Louis allié à Paris, le 2 août 1789, à demoiselle Anne de La Salle, fille de messire Nicolas, marquis de La Salle, ancien lieutenant colonel du régiment de Vermandois, chevalier de S.-Louis et de Anne Suzanne Françoise Gobelin d'Ossemont, d'où des enfants morts en émigration.

B. Louis Jean-Baptiste Gressier, écuyer sieur de Farsuse, d'abord capitaine au régiment de la Marche, puis commissaire ordonnateur des guerres, mort à Saumur en célibat. *Not. part. et Arch. d'Étaples.*

Ferry Le Gressier, sieur de La Grave, tient le fief de la Billarderie en Boulonnais, 1553 ; Jean tient un fief à Maresville, la même année. *De Rosny, Rech. gén.* — Philippe Gressier, marié à demoiselle Anne Bayart, en 1699. *Arch. d'Étaples.* — Marc Gressier ancien marguillier de l'église S.-Pierre de S.-Josse sur mer, en 1671. *Min. des not.*

GRIBOVAL. — Lancelot, Renaut et le Ploustre de Griboval, écuyers de la Compagnie de messire Manessier Quiéret, chevalier bachelier, passent la revue à Montreuil, le 1ᵉʳ mai 1410. *de Rosny. Rech. gén.*

GRIGNART. — René Grignart, tambour à Wailly, 1637. *Min. des not.*

GRIGNY. — Robert de Grigny, écuyer, lieutenant du bailli d'Étaples, en 1462. — Jeanne, veuve de Jean Le Febvre, demeurant à Zoteux, déclare ses fiefs en Boulonnais en 1572. *de Rosny, Rech. gén.*

LE GRIS. — Nicolas Le Gris, échevin de Montreuil, 1710. *Reg. des par.*

GRISBOIDART. — François Grisboidart, sergent à Montreuil, 1637. *Min. des not.* — Henri, huissier audiencier en 1647. *Id.*

GRISEL. — Philippe Grisel, maître et gouverneur de l'Hôtel-Dieu, 1550-1552. *Braquehaye fils, Ét. Hospit.*

LE GROS. — Évrard Le Gros, échevin de Montreuil en 1173. *Chart. de Ponth.*

GROSSEL. — Philippe Grossel, marguillier de l'église S.-Josse au Val, à Montreuil, en 1722. *Reg. des par.*

GRUBAULT. — Fief appartenant à Oudard d'Hoyer, écuyer, époux de Claudine de Hodicq en 1520 et à Jean d'Hoyer, écuyer, lieutenant au gouvernement de Rue, en 1588. *de Rosny. Rech. gén.*

GRUMEL. — Jehan, Gamot et Thomas Grumel sont mentionnés dans les titres de l'Hôtel-Dieu de Montreuil, 1425. — Nicolas, tailleur d'habits, demeurant à l'image Saint-Georges, à Montreuil en 1597. *Min. des not.* — Henriette Grumel, femme de Jacques Broustel, bourgeois et échevin de Montreuil, en 1475. *Titres de l'Hôtel-Dieu.*

GUÉNARD. — Marguerite Guénard, religieuse de l'Hôtel-Dieu, 1516. *Braquehaye fils, Ét. Hospit.*

GUÉRARD. — Jean Guérard, procureur des marguilliers de N.-D. en 1563. *Not. part.* — François, notaire à Montreuil, en 1584. — François, écuyer, sieur de Sorrus, allié à demoiselle Anne Flamen, d'où Jacques, écuyer, sieur de Sorrus, lieutenant de la ville et citadelle de Rue. *de Rosny, Rech. gén.* — François Guérard, mayeur de Montreuil en 1624. — Jacques, écuyer, sieur de Sorrus, allié à Jeanne de Susleaue en 1640. — Marie Françoise Guérard de S.-Scholastique, religieuse de l'Hôtel-Dieu, vers 1690. *Braquehaye fils, Ét. Hospit.* — M° François. curé de Verton en 1704.

GUERLAIN. — Gaspard Guerlain, demeurant à Montreuil, en 1596. *Min. des not.*

GUÉROULT. — Originaire de Mamers. — Messire François Louis de Guéroult, chevalier de S.-Louis, capitaine au régiment de Condé, marié à Boulogne, le 11 janvier 1791, à demoiselle Thérèse Dorrington ; il était fils de Jacques de Guéroult de la Fontenelle, écuyer, et de demoiselle Marie Louise de Nugent. — Le chevalier de Gueroult de Bois-Robert, chevalier de S.-Louis, ancien capitaine d'infanterie, maire de Montreuil, 1789. *Alm. de Picardie.*

GUIBERT. — Charlotte Élisabeth Guibert, décédée novice de l'Hôtel-Dieu, vers 1715. *Titres dud. Hôtel-Dieu.*

GUIGNESEULES. — Fief à Guigneseules, tenu de Maintenay, à Jean de Wali, en 1377. *Compt. de Ponth.*

GUILBERT. — Jean Guilbert, prêtre, administrateur de l'Hôtel-Dieu, de 1583-1586. *Min. des not.* — Jacques, lieutenant de Merlimont, décédé à Montreuil, 1651. *Reg. des par.*

GUINES. — Colart de Guisnes, auditeur à Montreuil, en 1439. — Louis, demeurant à Verton, 1637. *Min. des not.* — Guille, procureur et conseiller au siège royal de Montreuil, 1468. *Cart. de S.-Saulve.*

GUISARMIER. — N. Guisarmier, demeurant à Montreuil, en 1459. *Titres de l'Hôtel-Dieu.*

GUISELIN. — Porte : *d'azur à 3 paons rouans d'or, 2 et 1.*— Marc de Guiselin, écuyer, sieur de Lannoy, allié en 1653 à Marie de Poilly, d'où postérité. (Voyez la généalogie de cette famille dans les rech. gén. de M. de Rosny.)

GUISY. — David de Guisy, échevin de Montreuil, 1507. *Cart. de S.-Saulve.*

H

HACOT. A Montreuil. — Pierre Hacot, 1630, mari de Catherine Boullongne, d'où : Grégoire, père de 1° Antoine qui suit, 2° Grégoire, 3° Barbe, femme de Pierre Ignace Vallée, 4° Louise alliée à Nicolas Caroulle. Led. Antoine, marié à Marie de Roussent, a eu de cette union : A. Jean-Bpatiste, élève du séminaire de S.-Nicolas du Chardonnet en 1717, curé de l'église N.-D., et doyen de chrétienneté en 1770. — B. François, chanoine et curé de S.-Firmin de Montreuil, décédé le 12 février 1776. — C. Claude Marie, marié à Suzanne Violier, d'où : 1° Claude Marie qui suit ; 2° François Marie Grégoire, allié le 26 février 1778 à demoiselle Marie Anne Heuneguier, morts sans postérité. Claude Marie marié à Cécile Marie Anne Lefebvre de Longeville, d'où : a. Suzanne, alliée le 17 octobre 1785 à Jean Louis Lefebvre de Longeville, d'où postérité ; b. Sophie Angélique, femme de M. de Roussent de Florival, procureur du Roi à Abbeville, dont postérité, c. Auguste, mari de Marie Thérèse Havet, d'où postérité ; d. Claude, officier de cavalerie, chevalier de S.-Louis et de la Légion d'honneur, maire de Montreuil en 1820, allié à Ursule Élisabeth de Lhomel, d'où M. Claude Pierre Hacot, mari de demoiselle Élisa Bauclar, d'où M. Alfred Hacot et Madame Thuiller. — D. Pierre Joseph, notaire et procureur au bailliage de Montreuil, allié à Nicole Marie Rose Gille, d'Hesdin, d'où : 1° Marie Anne Antoinette, femme de Jean Chrysostome Juillaird, contrôleur des aides à Montreuil, mort en 1813 sans postérité ; 2° Joseph, allié à Marie Anne Wézélier, conseiller du Roi, et lieutenant général criminel au bailliage de Montreuil en 1788, puis maire d'Arras en 1791, d'où Jean-Baptiste Antoine Joseph mort âgé de vingt-deux ans ; 3° François Grégoire, mari de Thérèse Marie Anne Françoise Élisabeth Lefebvre, d'où Thérèse, née le 24 décembre 1789. — E. Grégoire Antoine, marié le 4 novembre 1734, à Marie Ozenne, d'Ochancourt, en Vimeu, échevin de Montreuil, d'où une nombreuse postérité alliée aux Courtier, Ozenne de Cuignes, de Lhomel etc. *Not. part.*

Marie Madeleine Hacot, de S.-Marthe, religieuse de l'Hôtel-Dieu vers 1725 et Marie Louise Victoire également religieuse dud. Hôtel-Dieu en 1785. *Braquehaye fils, Ét. Hospit.*

HAFFRENGUE. — Anne de Haffrengue, femme de Noel Queval, docteur en médecine à Montreuil, 1696. *Not. part.*

HALINGHES. — Jean de Halinghes, demeurant à Montreuil, en 1581. *Min. des not.*

HALLON. — François Hallon, chanoine de S.-Firmin, directeur de l'Hôtel-Dieu, 1736-1742, curé de Renneville, 1742. *Braquehaye fils, Ét. Hospit.*

HALLUIN. — Jean Alexandre de Halluin, sieur d'Arry et de Bois-Bernard, curé d'Aix-en-Issart, puis de Longfossé en 1696. *de Rosny, Rech. gén.* — M. François Alexandre Halluin, curé de Neuville, 1715.

HAMEL. — Porte : *d'argent à la bande de sable chargée de 3 sautoirs d'or.* — Anseau du Hamel tient fief entre Montreuil et Montewis, 1380. *Compt. de Ponth.* — Jean, demeurant à Airon, 6 septembre 1372. *Id.*

HAMICOURT. — Thomas de Hamicourt, demeurant à Groffiers, 1582. *Min. des not.*

HAMEREL. — Jean Hamerel, archer des ord. du Roi sous le baron de Mailly, demeurant à Montcavrel. *Vu.*

HANARD. — M⁰ Jean Hanard, prieur de Maintenay, 16 février 1667. *Cart. de S.-André.*

HANCHY. — Fief à Hanchy, à Louis Pérache en 1575.

HANIN. — Frère Jacques Hanin, à Montreuil, 1477. *Braquehaye fils, Ét. Hospit.*

HANOCQ. — Jean Hanocq, demeurant à Montreuil, 1558. *Titres de l'Hôtel-Dieu.*

HANON. — Feu Michel Hanon et demoiselle de Blancsel sa femme, à Montreuil, avant le 11 novembre 1404. *Hôtel-Dieu de Montreuil.*

HANOTEL. — Jacques Hanotel, notaire à Hesdin, 1591. — *Cart. de S.-André.*

HARDENTHUN. — Jean de Hardenthun, dit Morelet, chevalier bachelier en 1385, lieutenant pour le roi en 1393, fait montre à Montreuil 1410. *de Rosny, Rech. gén.* — Jeanne, abbesse de S.-Austreberthe, en 1475. *Titres de l'Hôtel-Dieu.* — Nicaise, chanoine de Montreuil vers 1550. — Guillaume, écuyer de la compagnie de M° Pierre, sieur de Regnauville, chevalier bachelier, passe la revue à Montreuil, le 1er mai 1410. *de Rosny, Rech. gén.*

HARDEVIN. — Gilles de Hardevin, demeurant à Montreuil, 1480. *Titres de l'Hôtel-Dieu.*

HARDUIN. — Jean Harduin, prêtre, et Jean Tavernier à Montreuil en 1464. *Titres de l'Hôtel-Dieu.*

HARDY. — Hugues Hardy, marchand à Montreuil en 1579. *Min. des not.* — Philippe, mari de Péronne Cousin et père d'une fille appelée Anne, 1599. *Greffe du Tribunal.* — Nicolas, allié en 1668, à Marguerite Prévost, d'où : 1° Marie, femme de Jean Pierre Fusilier, échevin de Montreuil en 1706 ; 2° Madeleine, mariée à Jacques Queval ; 3° Barbe alliée à Marc le Blond, ancien échevin en 1706. *Not. part.* — Jeanne Hardy de S.-Agnès, religieuse de l'Hôtel-Dieu vers 1700. *Braquehaye fils, Ét. Hospit.* — Nicolas Hardy, mari de Jeanne Havet, d'où : Marie Jeanne, femme de Louis Marie de Lafoscade, maître de poste à Montreuil en 1723. *Min. des not.*

HARLÉ. — Pierre Harlé, ancien marguillier de l'église S.-Pierre, à S.-Josse, en 1671. *Min. des not.*

HASTEREL. — Oudart Hasterel, fils de Jean Hasterel, demeurant à Montreuil en 1447. *Not. part.* — Jacques, bourgeois de Montreuil, dans les titres de l'Hôtel-Dieu 1470. *Id.*

HASTIÈRES. — Demoiselle Jacqueline Hastières, veuve de Fremin de Huppy, sergent à masse à Abbeville, 1472. *Compt. des Argentiers.*

HAUDEBERT. — Madeleine Haudebert, religieuse de l'Hôtel-Dieu, 1678. *Titres dud. Hôtel-Dieu.*

HAUDEVILLE. — Marie Madeleine Charlotte Haudeville, décédée novice de l'Hôtel-Dieu, vers 1750. *Braquehaye fils, Ét. Hospit.*

HAUDIQUET. — N. Haudiquet, argentier de Montreuil, 1761. *Aud. de l'échevinage.* — Me Haudiquet, notaire et procureur à Montreuil, 1768. *Id.*

HAUDRECOUSTRE. — Porte : *d'argent à 3 fasces d'azur.* — Jean de Haudrecoustre, fieffé de la prévôté de Montreuil est convoqué pour la guerre en 1337. *D. Grenier.*

HAUMELLE. — Notimet de Haumelle, tient fief de Beutin, en 1477. *de Rosny, Rech. gén.*

HAUTEFEUILLE. — Fief de Hautefeuille, à la Calotterie tenu de l'abbaye de S.-Saulve, à François Lourdel, en 1575. *Fiefs de Ponth.* — Jean de Hautefeuille licencié ès-lois, demeurant à Montreuil en 1550. *Braquehaye fils. Ét. Hospit.* —

Le fief de Hautefeuille appartenait en 1765 à Demoiselle Élisabeth de Lattre, à Antoine Cailleu du Frien en 1789, et de nos jours cette propriété appartient à la famille de Lhomel de Montreuil. Il consistait en une petite maison avec trois mesures et demie de pâtures et une mesure et demie de bois. Son revenu était de 30 livres. *Not. part.*

HAVET. A Montreuil. — Toussaint Havet, mari de Catherine Gaffé, demeurant à Montreuil 1598, d'où Philippe qui suit,

Marguerite, Josse allié à Françoise Hocedé, et Jeanne, femme de Jean Baillon ; Led. Philippe, demeurant à la ville-basse, marié à Anne Hellebert, d'où : Philippe né en 1613, qui suit : Marie et Marguerite. — Philippe, marié à Jeanne Le Roy, d'où entre autres enfants : Marie, Françoise, Jean, allié le 14 février 1677, à Anne Delahoüe, Josse, Nicolas et Philippe marié le 25 octobre 1670, à Anne Boucry, d'où 1° Marie Jeanne, supérieure du couvent de l'Assomption ; 2° Anne Catherine ; 3° Marguerite, religieuse du couvent de S.-Austreberthe, 1726 ; 4° Jeanne Élisabeth, femme de Nicolas Hardy, échevin de Montreuil, veuve en 1723, d'où postérité. (Voyez *Hardy*) ; 5° Toussaint Henry, marié le 28 juillet 1701, à Marie Marguerite Clocquette, qui teste le 22 janvier 1729 ; 6° François, échevin de Montreuil, mari de Madeleine Bocquet, d'où : Barbe, alliée le 18 février 1723 à Jacques Grégoire de Lhomel, échevin de Montreuil, d'où postérité, Jeanne, célibataire et François, échevin de lad. ville, marié le 22 février 1723 à Élisabeth Leprêtre, d'où sept enfants : Anne Élisabeth, morte célibataire, Jacques Philippe, mort sans alliance, Colline, Jean-Baptiste Antoine, curé de S.-Valois, Louis François, qui suit, Marie Louise Suzanne, femme d'Antoine Gallet, à Boulogne, d'où Mesdames Marteau, Fontaine et Mac Kenna, — et Louis François Marie, allié à Marie Sta, d'où : 1° Justine, femme de Félix Cosyn, d'où Messieurs Cosyn ; 2° Marie Thérèse alliée à Auguste Hacot, d'où M. Auguste Hacot. 3° MarieAnne, femme de Joseph de Robinet, sieur de Peignefort, d'où Monsieur Raymond Robinet de Peignefort, 4° François, mari de demoiselle Adélaïde Breffort, grand-père de MM. François et Félix Havet.

Led. Louis François, mari de Marie Thérèse Clabaud Bauclar, a eu : Louis, allié à une demoiselle Deldicq, Jacques et Marie Anne Thérèse Élisabeth, femme d'Étienne Casimir Verdevoy, ancien garde du corps du roi d'Espagne décédé en 1819, à S.-Laurent Blangy. *Épigraphie du Pas-de-Calais.*

Dame Augustine Havet, native de Monchy-au-Bois, religieuse de l'abbaye du Verger en Cambraisis, morte et enterrée à Monchy-au-Bois, le 27 août 1701. *Id.* — Jean François, lieutenant de Monchy, mort en célibat, le 27 avril 1749. *Id.*

HAVINNE. — André Havinne, bailli lieutenant général des terres et châtellenie de Beaurain, 1676.

HAYE. — Wuillaume de la Haye, sieur de Fouquesolles, fieffé de la prévôté de Montreuil, est convoqué pour la guerre en 1337. *D. Grenier.* — Andrieu de la Haye, procureur général et messager spécial à Montreuil en 1468. — Andrieu, conseiller à Montreuil, bailli de Valoires, 1507. — David, procureur et conseiller à Montreuil, bailli de l'abbaye de Valoires en 1510, notaire en 1546. — Maître Antoine de la Haye, chevalier, sieur du Breuil, demeurant à Montreuil en 1731, mari de Marie Madeleine de Caresse. — Maclou de la Haye, premier valet de chambre d'Henri II, né à Montreuil, au commencement du XVIᵉ siècle.

HÉBECOURT. — Baudoin de Hébecourt avait fait une donation à l'Hôtel-Dieu, avant 1417. *Titres dud. Hôtel-Dieu.*

HECQUET. — Adrien du Hecquet, docteur en théologie et l'un des poètes les plus remarquables du XVᵉ siècle, né à Crépy.

HÉDOUL. HÉDOUX. — Simon Hédoul, fieffé de la baronnie d'Engoudsent, en 1477. *Fiefs du Boulonnais.* — Pierre et Robert Hédoul sont inscrits comme possédant arrière-fief au bailliage d'Étaples, 1477. *Id.* — Louis Hédoul, demeurant à Clenleu, et Jean Hesdoul, à Bezinghem, déclarent leurs fiefs en la sénéchaussée du Boulonnais, 1571. *Id.* — Ansel et Louis de Hesdoul, oncles maternels de Catherine de le Vezelière, 1585. *Min. des not.* — Ansel, marguillier de l'église Notre-Dame, en 1594. *Id.*

Cette famille a formé deux branches principales.

Première branche. Ansel, ancien échevin en 1589, allié à Françoise Le Bon, d'où : 1° Jean, marié en 1632, à Claude Le

Bas, fille de Pierre et de Jeanne Ricouart ; 2° Jeanne, femme
de Jean Nicquet, sieur de la Verte-Voie ; 3° Antoine, allié à
Marie Darly ; 4° Noel, mari de Marie Nicquet, le 7 novembre
1644 ; 5° Nicolas, mari de Jeanne Lovergne, d'où : Antoine,
allié à Jeanne Alloy d'où : Louis Antoine, Marguerite sans
alliance et François allié le 9 avril 1668 à Marie Poure, d'où
Isabelle, Catherine morte célibataire et Élisabeth, mariée le 24
juillet 1696 à Grégoire de Lhomel, vice-mayeur de Montreuil
en 1724, d'où postérité. (Voyez *Lhomel.*)

Deuxième branche. Guillaume Hesdoul, sieur du Fossé, bailli
de la baronnie de Lianes, demeurant à Bezinghem, fils de Jean
Hesdoul, demeurant à Montreuil, marié à Antoinette de la
Hodde, d'où : 1° Jean, Bertrand, sieur des Mazures, Louise, alliée en 1655 à Louis Le Prince, chevau-léger de la compagnie
du duc d'Harcourt. *Not. part.* — Gilles Le Grand, mari de
Marie Hédoul, sœur de Guillaume, sieur du Fossé, 1628. —
Philippe, demeurant à Clenleu, 1671. — Jean-Baptiste Hédoux,
nommé procureur d'office de la châtellenie d'Hucquéliers,
5 mars 1770. *Dern. baillis.*

HEGHES. HESGHES. HÉGUES. — Porte : *de gueules au
lion d'or, entouré de 8 besans d'or.* Waignart. — Jacques, Tassin et Simon de Hégues, fieffés de la prévôté de Montreuil, sont
convoqués pour la guerre en 1337. *D. Grenier.* — Jean de
Hégues, fils de Jean, est convoqué pour la guerre, 1337. *Id.*
— Guillebert et Enguerrand, écuyers sous messire Griffon de
Liques, chevalier, en 1386, à Ardres. *Ms. de la Bibl. nat.* —
Jean de Hesgues, desservant un des fiefs tenus de la seigneurie
de Beuvrequen, 1477. *de Rosny.* — André, notaire à Montreuil
en 1483. *D. Grenier.* — Antoine, notaire à Montreuil en 1544,
procureur en 1548, bailli seigneurial en 1561. *Cart. de S.-
André.* — François, notaire en 1555, mari de demoiselle
Adrienne de Lhomel, *Id.* — Jean d'Outreau, sieur de Hégues
capitaine au Crotoy, 1554. *Id.* — Troilne de Hodicq, écuyer,

sieur d'Hennocq, comparaît avec la noblesse du Boulonnais en 1558, allié à Marguerite de Rubergue, veuve en 1608, et remariée à noble hom. François de Héghes, sieur du Grand Jardin, secrétaire de la chambre du Roi. Lad. Troilne de Hodicq eut pour héritière Marie de Hodicq, demoiselle d'Hennocq, vers 1600. *de Rosny.* — Catherine de Belvalet, femme de N. de Hége, bailli de Bersées en 1631. *Id.*

Lambert de Hesges, bailli de Licques, 1539. — *Min. des not.* — Noble hom. Pierre de Hesges, mari de demoiselle Catherine d'Ostrel, demeurant à Sorrus, 1585. *Id.* — Demoiselle Anne Pellet, veuve de noble hom. François de Hesghes, écuyer, sieur de Franclieu, conseiller du roi et son lieutenant général à Montreuil, en 1641. *Id.* — Demoiselle Madeleine de Hesghes, femme de Messire Laurent Miton, major de Montreuil en 1645. *Id.*

Pierre de Hesghes allié à demoiselle Marie Desnel, demeurant à Montreuil, d'où :

1 Suzanne et 2 Nicolas, sieur de Bindesent, procureur et notaire à Montreuil, mari de demoiselle Louis Marie Siriez, d'où : A. — Jean, avocat en parlement, à Paris ; B. — Louis, sieur du Hamelet, officier de la maréchaussée à Montreuil ; C. — Claude ; D. — François Nicolas ; E. — Catherine, mariée le 3 février 1698, à Claude Pecquet, notaire et procureur à Montreuil, d'où postérité. (Voyez *Pecquet.*) Lad. Catherine teste en 1730.

Cette famille, qui avait rendu de très grands services à la ville de Montreuil, pendant le siège qu'elle eut à supporter contre les Anglais, est éteinte. Un édit du Roi Louis XIII à la date du 2 mars 1621, confirmait ses privilèges en ces termes : Le sieur de Hégues, ancien mayeur de notre ville de Montreuil, nous ayant fait plaincte des empêchements que l'on luy donne en la puissance du greffe de notre ville de Montreuil possédé par son Père, son frère et lui depuis soixante-quinze ans et duquel ils ont été gratiffiés par les Roys nos prédécesseurs, en considération des services par eux rendus en la conservation de notre ditte ville lors du siège des Anglais etc. »

L'édit du Roi ordonnait alors que le greffe soit conservé en la puissance du sieur de Hégues et qu'il n'y soit apporté aucun changement ni altération. *Arch. de Boulogne.*

HELBAUT. — Jean Helbaut est mentionné dans les titres de l'Hôtel-Dieu de Montreuil.

HELBERT. — Fief du ménage de Montcavrel à Antoine Helbert en 1626, à Charles Helbert, écuyer en 1661. *de Rosny, Rech. gén.* — Marie Helbert, femme de Pierre Bruslé. 1725. — Étienne, marchand et l'un des prévôts de l'échevinage en 1734. *Reg. des par.*

HELLEVILLE. — Jean de Helleville, est mentionné dans les titres de l'Hôtel-Dieu de Montreuil.

HENNEGUIER. HINGUET. — Originaire de Bourthes près Hucquéliers. — Guillemet Henneguier, homme d'armes sur les ordres de Robert du Quesnoy, le 2 novembre 1475. *Montres et revues de la collection Gaignaire.* — Willequin, est mentionné dans le terrier de S.-Wulmer, en 1550. — Marand, mari de Jossine Baudoin, Antoine du Flos fils de Jean et de Pasquette Henneguier et Péronne Henneguier, déclarent leurs fiefs à la sénéchaussée du Boulonnais, en 1571. *Fiefs du Boulonnais.* — Jean Henneguier est frère de Jean Marie, curé d'Andre et de Marie Anne, femme de Jacques Godefroy, demeurant à Herly en 1740. Led. Jean, capitaine de cavalerie au régiment d'Humières, dans les troupes boulonnaises, demeurant à Bourthes en 1740, allié à Marie Deldrève, dont trois enfants : 1° Marie Barbe, célibataire ; 2° Marie Louise Françoise, mariée à Jean Henneguier, sieur d'Elbrique, d'où : Marie Louise Françoise ; Marie Madeleine Françoise ; Jean, sieur d'Elbrique, mari de Jeanne Marie Cornain, veuve en 1778 ; 3° Jean, sieur de la Vicomté et autres lieux, ancien garde du corps, allié le 22 juin 1740 à Jeanne Marguerite Le Prestre, d'où : *a.* Marie Anne Marguerite Augustine, mariée en 1778, à Mᵉ François Marie Grégoire Hacot, sieur du Hamelet, d'Arseline et autres lieux, conseiller du Roi et son procureur au bailliage de Montreuil, morte sans postérité ; *b.* Jacques Philippe François, sous-lieutenant de louveterie en 1785, mari de N. Poultier, sans enfants; *c.* Jean Baptiste François né en 1741, lieutenant de louveterie en 1785, allié à Barbe Austreberthe Nicole Nédonchel, grand-père de monsieur Charles Henneguier et de madame Hermine de Lhomel.

HENNEL. HENEL. — Gille et Jean Hennel, à Montreuil, 1394. *Cart. de S.-Saulve.* — Goderin Henel, maître tailleur d'habits à Montreuil en 1594. *Min. des not.*

HENNEQUIN. — Marie Françoise Hennequin de S.-Élisabeth, religieuse de l'Hôtel-Dieu, vers 1750. *Braquehaye fils, Ét. Hospit.* — Marie Catherine Rosalie, de S.-Élisabeth, religieuse de l'Hôtel-Dieu, 1769. *Id.*

HENNEVEUX. HANEVEU. — Baudoin de Haneveu, fieffé du bailliage de Montreuil, comparaît pour la guerre en 1337. *D. Grenier.* — Jeanne de Henneveux a un fief à Wailly, 1575. — Françoise de Hepneveu, veuf d'Arthus Frenault, demeurant au Bus, 1585. *Min. des not.*

HENRIAU. — Jean Marie Henriau, prieur de Beaurain, vicaire général de Lisieux, puis nommé évêque de Boulogne, 6 mai 1724.

HERBINGHEM. — Antonin de Lumbres, écuyer, lieutenant général de la prévôté de Montreuil, sieur d'Herbinghem, mayeur de Montreuil en 1635. *Min. des not.*

HERDIER. — Jean Herdier, René Lherbier, Louis Desmilleville, colateurs de la paroisse de Wailly, 1637. *Min des not.*

HERLY. — Porte : *de gueules à la bande d'or engrelée.* — Jean de Herly, fieffé de la prévôté de Montreuil, comparaît pour la guerre en 1337. *D. Grenier.* — Jean tient un fief de Montcavrel en 1477. *État du Boulonnais.* — Guillaume de Herly et Antoinette de Poitiers, à Brimeux, 1587. *Min. des not.*

HERMANT. — Porte : *écartelé, au 1 et 4 de gueules, au 2 et 3 d'azur et sur le tout, une bande d'argent échiquetée d'azur et chargée au milieu d'un écusson d'or.* Waignart. — Antoinette Hermant, alliée vers 1610 à Antoine de Ray, écuyer, sieur d'Auchy, lieutenant en l'élection de Doullens, d'où postérité. (Voyez la généalogie de cette famille dans les Rech. gén. de M. de Rosny.)

HERMEL. — François Hermel, bailli de Monchy, 7 décembre 1746. *Dern. baillis.*

HERMER. — Pierre Hermer, sergent des mayeurs à Montreuil, 1362. *Cart. de S.-Saulve.*

HÉRONVAL. — Pierre de Héronval, fieffé de la prévôté de Montreuil, est convoqué pour la guerre en 1337. *D. Grenier.*

HERTAULT. — Originaire d'Étaples. — Porte : *d'or à un sautoir de sable chargé de 5 billettes d'argent.* Arm. gén. de France. — Philippe Hertault, demeurant à Étaples, fait déclaration de son fief en la sénéchaussée du Boulonnais, 1571. *Fiefs du Boulonnais.* — Guillaume, mayeur d'Étaples 1587. — Mᵉ Jean, nommé procureur du Roi à Montreuil, le 27 octobre 1590, en remplacement de Pierre Roussel. *Arch. nat.* — Martine, veuve de Nicolas du Fumier, teste en 1691. *Min. des not.* — Demoiselle Peronne Dieu, veuve de Guillaume Hertault, ancien mayeur de Montreuil, teste en 1592, laissant pour fille et héritière, Marguerite alliée à Isaac de Lengaigne. *Id.* — Jean, mayeur de Montreuil, 1595. *Id.* — Daniel Le Prévost, écuyer, sieur d'Assigny, fils de Florimond, sieur dud. lieu, héritier de Marie Hertault, vers 1600. *de Rosny, Rech. gén.* — François est nommé bailli de Waben, en remplacement de Claude Heuzé, 1618. *Min. des not.* — Marc, tiers-mayeur, 1630. *Id.* — Jean, procureur et notaire à Montreuil, 1632. *Id.* — Claude, femme de Gaspard Dutreil, écuyer, sieur de la Painéde, capitaine major des ville et citadelle de Montreuil, 1682. *Min. des not.* — Nicolas, sieur de Cautebert, mari de Louise Le Roy, d'où : Marie

Nicole, 1714. *Reg. des par.* — Jean de Raulles, écuyer, sieur de Mauroy, allié en 1640, à Jeanne Hertault. *de Rosny, Rech. gén.* — Jacques, procureur et notaire à Montreuil, mari de Marie de Lengaigne, 1640. *Reg. des par.*

HERVILLE. — Tassin de Herville, procureur général et messager spécial à Montreuil, 1434. *de Rosny, Rech. gén.*

HESDIGNEUL. — Baudoin de Hesdigneul est convoqué pour la guerre de 1337, comme noble fieffé de la prévôté de Montreuil. *D. Grenier.*

HESMONT. — Porte : *échiqueté d'or et de gueules au franc quartier d'hermines au chef droit.* — Baudoin de Hesmont, fieffé de la prévôté de Montreuil, est convoqué pour la guerre en 1337. *D. Grenier.* — Jacotin de Hesmont, demeurant à Montreuil, 1477. *Titres de l'Hôtel-Dieu.* — Demoiselle Jeanne de Hesmond, veuve de Jean de Lannoy, franc homme jugeant en la cour de Willaume à Jumez, 16 mars 1439. *Cart. de S.-Saulve.*

HESTROYE. — Fief de la Hestroye à h. h. Jean Le Pottier, ancien échevin en 1627. — M° François Le Pottier, sieur de la Hestroye, mort en 1696, père de Jean, sieur de la Hestroye.

HESTRUS. — Jean de Hestrus, propriétaire d'une maison à Montreuil, paroisse S.-Austreberthe, 1293. *Cart. de S.-Saulve.*

HEU. — Jeanne de Heu tient un fief de Montcavrel en Boulonnais en 1477. *de Rosny, Rech. gén.*

HÉZECQUE. — Hesmont de Hézecque, auditeur à Montreuil, en 1495. *de Rosny, Rech. gén.* — M° Jean de Hézecques, curé de S.-Vallois, 1492. *Cart. de S.-Saulve.*

HEUZÉ. — A Montreuil. — Porte : *de gueules à la croix anchrée d'or, écartelé d'argent à l'aigle éployé de sable et sur le tout d'azur à 3 étoiles d'or.* — H. H. Charles Heuzé, mayeur tiers de Montreuil et demoiselle Marie Eurin sa femme, 1627. *Not. part.* — Claude Heuzé et Isaac François Heuzé, baillis de Waben, le premier en 1599 et le second en 1647. *Id.* — Claude Heuzé, sieur de Hurtevent, assesseur civil et criminel au bailliage de Montreuil en 1627. — Demoiselle Madeleine Heuzé, fille de Jean, procureur à Boulogne, et de Roberte Gillet, se marie en 1642 à François de Bournonville, écuyer, sieur de la Haye, qui était fils de Jean, écuyer, sieur de la Haye, marié en 1609 à demoiselle Françoise Heuzé, fille de feu Pierre, écuyer, sieur de Montigny et de Jeanne Le Bon. *de Rosny, Rech. gén.* — Messire Guillaume Heuzé, écuyer, sieur de la Motte, capitaine au régiment de Flandre, est tué à S. - Omer par la garnison ennemie le 26 juillet 1651 ; il est enterré à Marquise le 28 juillet. — *Reg. des par.* — François Heuzé, sieur de Fontenieux, écuyer, conseiller du Roi et bailli de Waben, en 1656. *Min. des not.* — Antoine, écuyer, mousquetaire du roi en 1660. Il est qualifié sieur du Bois, 1660. *Id.* — Sœur Jeanne Marguerite Heuzé, de S.-Charles, religieuse de l'Hôtel-Dieu de Montreuil en 1680, supérieure en 1695. *Braquehaye fils. Ét. Hospit.*

Henri Heuzé, écuyer, sieur de Hurtevent, fils de Claude et de Marguerite Bernard, et mari de demoiselle Anne de Poilly d'où : Gaspard qui suit ; Jacques, sieur de Gorguesson, curé de S.-Josse-au-Val et Pierre, curé de Notre-Dame de Montreuil. Led. Gaspard, marié à demoiselle Anne Marie Gabrielle de Rangueïl, d'où : 1° Marie Anne Marguerite Gabrielle, en religion sœur S.-Augustin ; 2° Marie Gabrielle, alliée à Mess. Charles Hubert Nicolas de la Fontaine, écuyer, sieur de Verton, d'Hallencourt et autres lieux, d'où postérité, et 3° Henri Joseph, écuyer, sieur de Hurtevent, allié en 1711 à Marie Gabrielle Flahaut, d'où Henri Joseph, chevalier, sieur de Hurtevent, capitaine au régiment Royal-Dragons, marié le 21 mars 1741 à Marie Emmanuelle Le Ver de Caux. *Not. part. et de Rosny, Rech. gén.*

Jacques Heuzé, tenancier de l'évêché de Thérouanne en 1520. *Vu.* — Anne Heuzé, novice au couvent de S.-Austreberthe de Montreuil en 1657. *Reg. des par.*

Henry Heuzé, sieur de Hurtevent, lieutenant général au

bailliage de Montreuil et Isaac Heuzé, son frère, sieur de Fontenieu, sont déclarés nobles par arrêt du conseil, du 17 octobre 1669. *Nobl. de Picardie, page 275.*

(Pour plus de détails, voyez la généalogie de cette famille, dans les Rech. gén. de M. de Rosny.)

HERCOURT. — Fief tenu du bailliage de Waben, à Jean Gambier en 1575. *Fiefs du Ponth.*

HIERMONT. — Porte : *3 fleurs de lys d'or au pied coupé 2 et 1.* D. Grenier, page 19, n° 1. — Thomas de Hiermont, chevalier, témoin d'une charte de Hugues Colès, son frère, en l'an 1210. *de Rosny, Rech. gén.*

Fief à Hiermont, à Maintenay, à Guillaume d'Ostove en 1575, à Louis Durre en 1673. *D. Grenier.*

HOCHART. — Marguerite Hochart, sœur de l'hospice des Orphelins, en 1676. *Braquehaye fils, Ét. Hospit.* — Charles Hochart, sergent à verge, 1637. *Min. des not.*

HOCHEDÉ. HOCCEDÉ. — Jacquemar de Hoccedé, tenant fief de la baronnie d'Hesdigneul, en 1477. *État du Boulonnais.* — Nicolas Hochedé, demeurant à Samer, Enguerrand Hochedé et Pierre déclarent leurs fiefs en la sénéchaussée du Boulonnais, 1571. *Fiefs du Boulonnais.* — M° François est nommé procureur du roi à Roye, par lettres patentes du 5 décembre 1584. *D. Grenier.* — Jacques, vice-mayeur de Montreuil, 1663, mari de Marguerite Lobegeois. *Min. des not.* — Charles, natif de Montreuil, orfèvre à Beauvais, allié à Jeanne Desmarquetz, d'où postérité. *Not. part.* — Charles Hochedé, est nommé procureur d'office au bailliage d'Inxent le 6 décembre 1756. *Dern. baillis.* — Gabriel et Jean Hochedé, demeurant à Amiens, portent *d'argent à une fasce dentelée d'azur.* Arm. gén. de France.

HOCQUINCOURT. — Est qualifié sieur d'Hocquincourt, Colart de Vaux en 1430 ; aux de Vaux succèdent les Monchy, par le mariage en 1535, de François de Monchy, seigneur de Montcavrel, avec Jeanne de Vaux, fille de Jean.

HODDE. — Porte : *d'azur à l'étoile d'or et au croissant d'argent en pointe.* Waignart. — Dom Jacques de la Hodde, prieur et profès de S.-Saulve, 1655. *Not. part.* — Antoine de la Hodde, vice-mayeur de Montreuil en 1686. *Reg. des par.* — Jean-Baptiste et Jacques, fils d'Antoine et d'Anne Marguerite Prévost, demeurant à Montreuil en 1720. *Id.*

HODICQ. — Mᵉ Enguerrand de Hodicq, lui tierch et Jean, fieffés de la prévôté de Montreuil, sont convoqués pour la guerre, en 1394. *D. Grenier.* — Jean de Hodicq, d'Escuires, tient un fief de Guérard d'Eudin, vers 1387. *Aveu de Maintenay.* — Thomas, franc homme de l'abbaye de S.-Saulve de Montreuil, en 1394. *D. Grenier, t. XLVI.* — Mᵉ Pierre, demeurant à Montreuil, procureur de Guillaume Blondel, à Doudeauville, en 1452, et de Jacquemart du Bos, à Parenty, en 1458. *de Rosny.* — Jean, dit *le Bon,* écuyer, garde du scel de la prévôté de Montreuil, en 1484, procureur de Mᵉ Nicaise Hourdel, en 1481. — Claude de Hodicq, gouverneur d'Étaples, en 1575. — M. Claude de la Wespierre, sieur de Hodicq, en 1603. *de Rosny, Rech. gén.*

HOLLEVILLE. — Tassinot de Holleville, sergent de l'abbaye de S.-André, 1488. *Cart. de lad. abbaye.* — J. Holleville, curé d'Airon-S.-Vaast, 1712.

HOMEL. — Tassart de Homel, habitait une maison située paroisse S.-Pierre, à Montreuil 1447. *Titre vu.* — Guilbert de Homel, marguillier de l'église N.-D., 1464. *Cart. de S.-Saulve.*

HOMET. OMET. Porte : *de sinople à la bande d'argent chargée de 3 hachettes de gueules.* Waignart. — Jacques Homet et Marie Homet, femme de Charles Cornaille, enfants et héritiers de Jean Homet, héritier de Pierre, fils et héritier de Jean Homet, en 1569. *Reg. de l'Échevinage.* — N. Omet, alliée à Claude de Waconsains, écuyer, mayeur d'Abbeville en 1579.

HONCOURT. — Noble hom. mess. Guy de Honcourt, chevalier, gouverneur du bailliage de Montreuil en 1385. *D. Grenier, t. XLVI.*

HONLIEU. — Fief à Montcavrel appartenant en 1580 à Pierre Cocquerel et en 1789 à Augustin de Lhomel de Montreuil, puis à ses descendants.

HOUBRON. — Jean Houbron, lieutenant de Campigneulles-les-Grandes, 1657. *Not. part.*

LA HOUPLIÈRE (Lefèvre de). — Antoine Lefèvre de la Houplière, mari de Madeleine Lécuyer, d'où : 1° François Joseph qui suit ; 2° Marie Anne, alliée le 16 février 1707 à Charles François Leroy ; 3° Catherine, mariée à Charles Fauchart, le 6 novembre 1712 ; 4° Anne, alliée à Charles Téléques, le 17 novembre 1716. — Led. François Joseph, demeurant à Montreuil, marié à Antoinette Cousin, d'où : Antoine Joseph, célibataire ; Antoinette, alliée à Antoine Testu ; Jeanne Françoise ; Jean François ; Marie Jeanne, célibataire ; Marie Anne, femme de Jean-Baptiste de Lhomel, chevalier de S.-Louis, garde du corps du Roi, sans postérité ; Marie Barbe, femme de Pierre Antoine Lecomte ; Charles qui suit ; Marie Madeleine et Marie Justine, célibataires. — Charles, allié à Marie Ursule Danvin, a eu de cette union : *a.* André, célibataire ; *b.* Marie Ursule, femme d'Antoine de Lenclos ; *c.* Louis Bernard, mari de Françoise Trogneux ; *d.* Marie Anne, femme de Honoré Devilliers ou de Villiers, dont postérité ; *e.* Charles Joseph qui suit ; *f.* Marie Louise Célestine, femme de N. Devisme ; *g.* Antoine, célibataire. — Led. Charles Joseph, mari de Catherine Joseph Victoire Marie Choquart, du Saulchoy, d'où 1° Victoire Joseph, femme de M. Brulé, de Montreuil ; 2° Vincent, mari de Florence Féron ; 3° Olympe, célibataire ; 4° Charles Alphonse, allié à demoiselle Olympe Béthouart, le 19 novembre 1821 d'où MM. de la Houplière de Quend et Jean-Baptiste Hilaire, marié à demoiselle Olympe Pénet, d'où : MM. Hilaire, Jules Joseph, Victor et dame Émélie de la Houplière. *Notes de M. Victor de la Houplière.*

HOUPPEDONCQUE. — Jacqueline Houppedoncque, religieuse de l'Hôtel-Dieu, 1464. *Braquehaye fils, Ét. Hospit..*

HOURDEL. — Colart Hourdel, tient fief à Waben en 1377.— Pierre, dit Porrus, prévôt de Montreuil, 1403. *Fiefs de Ponth.* — Nicolas, licencié ès-lois, bailli de Vron, Maintenay et Berck 1507. — N. Hourdel, sieur de Fraîches, signe la coutume de Montreuil en 1507. *Baill. d'Amiens.* — Guillaume, auditeur à Montreuil, 1508-1517. — Feu Jean Journe et Marguerite Hourdel, sa femme, 1520. *Cart. de S.-André.* — Nicolas, écuyer, sieur de S.-Aubin, lieutenant du bailli d'Amiens à Montreuil, en 1548. *Id.* —

Fief à Brunehautpré, tenu de Colart Hourdel en 1477. *Titres de l'Hôtel-Dieu.*

HOUSSAYE. — Porte : *d'argent coupé d'azur au lion de gueules, brochant sur le tout, couronné d'or, armé et lampassé de même.* Waignart. — Jean de la Houssaye, dit *Atre*, sieur de Maisicourt, fait aveu de lad. terre au bailliage de Zezaincourt, appartenant à Jean d'Isque à cause de Marie de Chastillon, sa femme, en 1459 ; père d'Adrien, écuyer, sieur de Maizicourt, qualifié noble et puissant le 23 mars 1484, gentilhomme servant de la bouche du Roi, allié la même année à Marguerite de Rubempré, d'où Jean, écuyer, sieur de Maizicourt, en 1507, père de Mgr François, écuyer, sieur de Maizicourt et de la Motte d'Arondel, en 1560, allié à Claire de Séchelles, d'où Jean, qui suit, Ferry et Adrienne, alliée le 5 juillet 1551, à Jean Nourrequier, écuyer, sieur du Ponchel. Jean, écuyer, sieur de Maizicourt, allié en 1545, à Marie de Boubers, d'où Louis qui suit ; Marie, alliée à Nicolas Louvel, écuyer, sieur de Fontaines et Jacqueline, femme d'Adrien Milon ; Louis, écuyer, sieur de Maizicourt, allié à Barbe de Boffles, dame de Neuvilette, remariée à Daniel de La Chapelle, écuyer, d'où Jean et Antoine demeurant à Villers-

Faucon ; Jean, écuyer, sieur et vicomte de Maizicourt, allié en 1615 à Marie de S.-Blimont, d'où 1° Jean, écuyer, sieur de Maizicourt, allié en 1644 à Isabeau de Bacouel, d'où Nicolas, sieur de Bailleul, Élisabeth et Marie, femme de Claude Langlais, écuyer, sieur de Beaufresne et d'Urenville ; 2° Antoine qui suit; 3°Marie, femme de Gilles François du Hamel, écuyer, sieur de Grand Rullencourt ; Marguerite et Barbe. — Antoine, écuyer, sieur de Neuville, lieutenant d'infanterie, allié en 1643 à Marie François de Boubers, dame de Gouy, d'où François qui suit ; Charles, sieur de Loncourt, Geneviève et Barbe. — François, chevalier, sieur de Neuvilette, Gouy, capitaine de cavalerie au régiment du Dauphin, marié en 1702 à Françoise Louise Chabot, d'où Louis François qui suit; Nicolas Louis, Louise Françoise Angélique et Françoise Marie Madeleine ; — Louis François, chevalier, vicomte de Maizicourt, allié à Austreberthe Charlotte d'Urre ou Durre, veuve en 1753, d'où Louis François, chevalier, vicomte de Maizicourt et Marie Françoise Charlotte, demoiselle de Neuvilette, mariée le 23 décembre 1765 à Jean de Lhomel, sieur de Gouy. *de Rosny, Rech. gén. et Not. part.*

HOUZET. — François Marie Grégoire Houzet, coadjuteur de l'abbé Quénu, maître de l'Hôtel-Dieu, 1786 et curé de Bernieulles. *Braquehaye fils, Ét. Hospit.*

HUBERT. — Martin Hubert, marguillier de l'église S.-Pierre en 1529, procureur et conseiller à Montreuil en 1531. *Cart. de S.-André.*

HUCLIER. — Bonet de Huclier, homme d'armes sous le duc de Vendosmois, 1525. *Gaign.*

HULLIN. — Jacqmars Hullin, parmentier en 1464 et Motin Hullin, clerc, 8 mars 1469. *Titres de l'Hôtel-Dieu.*

HULLOT. — Laurent Hullot, bourgeois de Montreuil, et Jean, allié à demoiselle Gisle de le Rue. *Tit. de l'Hôtel-Dieu.*

HUMBERCOURT. — Les Sires de Humbercourt, font une donation à l'Hôtel-Dieu. *Titres dud. Hôtel-Dieu.*

HUPPELANDE. — Demoiselle de Huppelande, alliée à Enguerrand de Bournonville, vicomte de Beaurains. *Not. part.*

HUPPY. HUPPI. — Porte : *d'azur au chevron d'or à 3 oiseaux d'or, 2 et 1* Waignart. — *Et écartelé au 1 et 4 d'azur, au chevron d'or accompagné de 3 oiseaux d'or 2 et 1 ; au 2 et 3, d'azur à 3 fasces d'argent, à 2 croissants d'argent, l'un en chef l'autre en pointe. Id.* — Pierre de Huppi, donne à l'église de Bertaucourt, toute la dîme de Donqueurrel, vers 1100. *Cart. de lad. abbaye.* — Renaut est témoin d'une donation faite à l'abbaye de Valoires, par Guy, comte de Ponthieu, en 1160. *Abb. de Valoires.* — Guy, 1210. *de Rosny, Rech. gén.* — Demoiselle Jacqueline Hastières, veuve de Fremin de Huppy, sergent à masse et de la vingtaine, à Abbeville en 1472. *Compt. des Argentiers.* — Fiefs à Courman, à Herselaines et à Bouraincourt, à Jacques de Huppy, 1575. *Fiefs de Ponth.* — Demoiselle Catherine Manessier, femme de François de Huppy, en 1580. — Françoise de Huppy, religieuse de l'Hôtel-Dieu en 1583. *Braquehaye fils, Ét. Hospit.* — André Rohault, allié à Marie de Huppy, d'où Denis, argentier d'Abbeville en 1606, allié à Catherine Tillette, fille de Mathieu, mayeur d'Abbeville en 1619, et de Marie Aliamet. *Not. part.* — Noble homme Nicolas de Huppy, sieur de Rainneville, en 1620. — Fief de Wailly à François de Huppy en 1620, père de Nicolas, écuyer, sieur de Wailly. *de Rosny, Rech. gén.* — Honoré de Huppy, sieur de Cantepie en Vimeu en 1620. *Id.* — Nicolas de Huppy, demeurant à Montreuil en 1625. *Min. des not.* — Noble homme Charles Retard, mari en 1672 de Marie de Huppy fille de noble homme Mathieu, sieur de Noirville et de Catherine Le Roy de S.-Leu. *Id.* — Demoiselle Anne de Huppy, alliée à Antoine de la Hodde, d'où Marie mariée à Abbeville en 1668 à Gilles de Lhommel, sieur du Coulombier, d'où postérité. Lad. Anne était sœur de noble homme Mathieu de Huppy, sieur de Noirville, 1656. *Not. part.*

HUREL. — Colart Hurel, auditeur à Montreuil 1353, 1362. *Cart. de S.-André.*

HURTEVENT. — Fief situé près de Montreuil à Henri Heuzé, écuyer à Montreuil et ensuite à ses descendants. — Augustin Hurtevent, abbé de Ruisseauville, 1782. *Dern. baillis.*

HURTREL. — A Montreuil. — Jean Hurtrel, 1449. — Collinet, nommé par le Roi, sergent du parc d'Hesdin et garde de la maison du Marest, aud. parc, par le trépas de Jean de Blioul, 1504. — Antoine demeurant à Étaples et Nicolle de Viesville, sa femme, 1574. *Min. des not.* — Antoine, mari de Nicolle Dufumier, en 1583. *Id.* — Louis, fils d'André et de Catherine Rault, 1603. *Reg. des par.* — François avocat en parlement, allié à Catherine Heuzé, 1631. *Min. des not.* — Jeanne, femme de Nicolas Forestier, d'où postérité, 1647. *Reg. des par.* — Noble homme Claude Henry, sieur d'Arboval, allié à Marie Jeanne de Lattre, d'où : Antoine, Henry ; Marie Catherine ; Barthélemy ; Noel Théodore et Louis Marie, 1701 à 1718. *Reg. des par.* — Antoine, ancien échevin en 1696, mayeur en 1710, décédé en 1712, allié à Marie Le Clercq, d'où Marie Madeleine, mariée le 3 décembre 1693 à Mre Nicolas de Fay, chevalier, sieur de Guinegate. *de Rosny, Rech. gén.* — Louis Joseph Hurtrel d'Arboval, vétérinaire distingué, né à Montreuil en 1777.

I. J

IMBERT. — Porte : *d'argent à une fasce de sinople chargée d'une molette d'or.* Arm. gén. de France. — Jacques Imbert à Montreuil, 1739. *Reg. des par.*

IMBRETUN. — François du Crocq, sieur d'Imbretun, capitaine au régiment d'Elbœuf en 1690.

INXENT. — La seigneurie d'Inxent fut longtemps possédée par la maison de Monchy-Montcavrel. — Le seigneur de Montcavrel la possédait en 1477 et le maréchal d'Hocquincourt en 1630. — Elle est achetée, par M. Jacques Bernard Chauvelin, intendant des finances, qui la possédait en 1731.

ISAAC. — Gilles Isaac, sergent de Beaurain en 1391. *Cart. de S.-André.*

JACQUANT. — Antoinette Benoite Catherine Jacquant, religieuse de l'Hôtel-Dieu, vers 1750. *Braquehaye fils, Ét. Hospit.*

JACQUEMIN. — Jeanne de Gouy, femme de Michel Jacquemin, 12 mai 1422. *Cart. de Gosnay.* — Jacot tient fief relevant de la baronnie de Doudeauville 1553. *de Rosny, Rech. gén.* — Claude Jacquemin, lieutenant des chirurgiens, échevin en 1684, allié à Anne Prestault, d'où Antoine et noble homme Jean-Baptiste sieur de Chateaurenault, conseiller du roi et président juge des traites à Montreuil, mari d'Anne Alloy dont : 1° Philippe Jean-Baptiste qui suit ; 2° Claude Nicolas, sieur de Chateaurenault ; 3° Marie Marguerite ; 4° Anne Magdeleine, alliée le 17 janvier 1725 à noble homme Jean-Baptiste François Becquet, lieutenant général au bailliage de Montreuil (Voyez *Becquet*). Led. Philippe

Jean-Baptiste sieur d'Honlieu, conseiller du roi, président juge des traites à Montreuil, marié le 30 novembre 1731 à demoiselle Jeanne Austreberthe le Gressier, d'où Jeanne Marie femme d'André Hercule de Rougeat, écuyer, sieur des Plantiers et Philippe, écuyer, sieur de Chateaurenault marié le 12 janvier 1779 à Françoise Antoinette Cannet de Manneville ; Marie Marguerite, mariée à Montreuil le 26 janvier 1733 à noble homme Jean Marie Mutinot, sieur de la Carnoye, chevalier de Saint-Louis, Commissaire provincial d'artillerie, mort en 1769 ; d'où : Anne Françoise Marguerite, femme de noble homme Joseph Paul Louis, Comte du Hautoy.

JAY. — Porte : *d'or à un pal de sinople chargé d'une macle d'argent.* Arm. gén. de France. — Antoine Jay, bourgeois de Montreuil, en 1696.

JEAN. — Jean, abbé de S.-Saulve en 1299. *Cart. de S.-Saulve.*

JENNEQUIN. — Mᵉ Jean-Jacques Jennequin, notaire à Hucquéliers, nommé bailli du Val d'Enquin, le 14 juillet 1788. *Dern. baillis.* — Le même était bailli d'Ergny et du Catelet, le 23 septembre 1785. *Dern. baillis.*

LE JEUNE. — Marie Le Jeune, religieuse de l'Hôtel-Dieu, 1620. *Braquehaye fils, Ét. Hospit.*

JOLLY. JOLY. — Jean Jolly, auditeur à Montreuil, 1499. *Cart. de S.-André.* — Nicolas Joly est nommé connétable de la cinquantaine des arquebusiers de Montreuil, le 1ᵉʳ juin 1710. *Arch. de Ville.* — Fief à Beutin tenu de Pierre Joly, 1477. *Titres de l'Hôtel-Dieu.*

JONCQUOIS. — Maurice des Joncquois, tient un fief de l'Abbaye de S.-Josse, 1587. *Terr. de lad. abbaye.*

JOUAN. — Jean de Jouan, sieur de Poilly et Jeanne de Bours, sa femme, demeurant à Montreuil en 1580. *Min. des not.*

JOUVE. — L. Fr. Josse Jouve, avocat à Montreuil, en 1788. *Alm. de Picardie.*

JOUVIN. — Mre Louis Jouvin, curé de S.-Vàlois, le 25 septembre 1684. *Reg. des par.*

JUNLY. — Marie Françoise Austreberthe Sara Junly de S.-Marguerite, religieuse de l'Hôtel-Dieu, 1764. *Titres dud. Hôtel-Dieu.*

JURACLE. — Fief à Airon aux héritiers de Jean de la Haye en 1575. *Fiefs de Ponthieu.*

JUSTIN. — Jean Justin, M^e tisserand de toiles à Montreuil, en 1595. *Min. des not.*

K

KIÉRET. — M. Mennecier Kiéret, chevalier bachelier, passe la revue à Montreuil le 1er mai 1410, avec sept écuyers de sa compagnie, parmi lesquels était Pierre Kiéret, sieur de Heuchin. *de Rosny, Rech. gén.*

L

LABBÉ. — Guérard et Pierre Labbé et Jean, procureur, sont mentionnés dans les titres de l'Hôtel-Dieu de Montreuil. — Jean Labbé, tient fief de l'abbaye de S.-Josse, en 1587. *Terr. de lad. abbaye.*

LABITTE. — Pierre Labitte, *Titres de l'Hôtel-Dieu de Montreuil.* — Loys, marchand à Montreuil, en 1594. *Min. des not.*

LABBYE. — Jean de Labbye, procureur général et messager spécial de Mre Nicaise Hourdel à Montreuil en 1481. *de Rosny, Rech. gén.*

LACHÉRÉ. — Pierre Lachéré le jeune, chevau-léger de la compagnie du sieur de Caumière, gouverneur de Rue et Madeleine de S.-Jehan sa femme, 1657. *Not. partic.*

LAFOSCADE. — A Montreuil. — Marie Anne de Lespine, femme de Claude de Lafoscade, dit *La Fontaine*, 1659. *Reg. des par.* — Anne, de S.-Claire, religieuse de l'Hôtel-Dieu de Montreuil, vers 1696. *Braquehaye fils, Ét. Hospit.* — Me Nicolas, bachelier en théologie de la faculté de Paris et l'un des curés de N.-D. à Montreuil, 1723. *Min. des not.* — Claude de Lafoscade,

7

mari de Barbe Dirson, morte en 1725, d'où : Louis Marie, maître de poste à Montreuil, 1725 et Marie Barbe. *Id.*

LAGACHE. — André Lagache, religieux de S.-André-aux-Bois, 1705. *Cart. de lad. abbaye.* — Eugénie Françoise Lagache de S.-Vincent de Paul, religieuse de l'Hôtel-Dieu, vers 1745. *Braquehaye fils, Ét. Hospit.*

LAIGNEL. — Porte : *écartelé au 1 et 4 d'azur au chevron d'or accompagné de 3 têtes de chien d'argent, 2 et 1, au 2 et 3 d'argent à l'anchre de sable.* Waignart. — Nicolas Laignel, mari en 1562 de demoiselle Marie Prevost, fille de demoiselle Loyse de Beaugrand, laquelle avait épousé en premières noces Raoul de Huppy. *de Rosny, Rech. gén.* — Bauldin, mentionné dans les titres de l'Hôtel-Dieu de Montreuil.

LALLEMAND. — Porte : *d'azur au chevron d'or à 3 roses d'argent 2 et 1.* Waignart. — Jean Lallemand, pair et homme lige de la baillie de Waben en 1349. *de Rosny, Rech. gén.* — Gérard, archer sous M⁀ᵍʳ de Brézé, grand sénéchal de Normandie, passe la revue à Montreuil-s.-mer, le 7 octobre 1506.

LALLIER. — Ferry Lallier, demeurant à Sempy, déclare ses fiefs à la sénéchaussée du Boulonnais, en 1572.

LALOUETTE. — Jean Lalouette, clerc de S.-Walloy, 1426. *Braquehaye fils, Ét. Hospit.*

LAMARRE. — Mᵉ Lamarre, notaire à Montreuil, en 1682.

LAMBERT. — Jean Lambert, procureur de Jean de la Porte, curé d'Airon N.-D, 1444. *Cart. de S.-Saulve.* — Suzanne Lambert, femme de Charles Hochedé, demeurant à Montreuil, 1672. *Reg. des par.* — Robert Lambert fils, demeurant à Montreuil, 1735. *Min. des not.*

LAMBIN. — Lambin, dit Pourrière du diocèse de Thérouanne, 1275. *Cart. de S.-Saulve.* — Jean, demeurant à Montreuil, rue Butinoise, en 1464. *Braquehaye fils.* — Denis Lambin, philologue, né vers 1516 à Montreuil, mort à Paris en

1572. — Pierre, maître serrurier à Montreuil en 1546. *Braque-haye fils. Ét. Hospit.*

LAMIRAND. — Porte : *de sinople au chef d'or chargé d'une macle de sable.* Arm. gén. de France. — Colart et Emmeline Lamirand possesseurs de terres à Conchil, 1380. *Aveu de Maintenay.* — Messire Jean tient fief d'Engoudsent, en 1447. *État du Boulonnais.* — Henri, échevin de Montreuil, en 1558, et receveur de la baronnie d'Engoudsent, en 1627. *Min. des not.* — Fursy, ancien mayeur second de Montreuil, allié à demoiselle Denise Heuzé, et Denis, ancien vice-mayeur de Boulogne en 1608. *de Rosny, Rech. gén.* — Mᵉ Nicolas Marie Lamirand, chapelain de la confrérie de charité de Montreuil, en 1784. *Reg. des par.* — Nicolas Bersin, mari d'Adrienne Lamirand, mère et tutrice de Pierre d'Ergny, fils de Philippe, déclare ses fiefs à la sénéchaussée du Boulonnais, en 1571. *Fiefs du Boulonnais.*

LAMY. — Jean Lamy, marchand à Montreuil, en 1594. *Min. des not.*

LANDRY. — N. Landry, mayeur de Waben, en 1206. *Abb. de Valoires.*

LANGLET. — Nicolas Langlet, marguillier de S.-Josse au Val, 1637. *Min. des not.*

LANNOY. — Jean de Lannoy, chevalier, et garde de la comté de Montreuil, le 31 mars 1309. *Terr. de Ponth.* — Jean, échevin de Montreuil, 1376. *Cart. de S.-Saulve.* — Le Comte de Lannoy, gouverneur de Montreuil, en 1632. *Arch. de la ville.*

LARDÉ. — Porte : *de sinople à 4 glands d'or 2 et 2, au canton d'hermines.* — Marie Lardé, femme de François Gaspard de Ray, conseiller en la sénéchaussée de Ponthieu, 1696. *de Rosny, Rech. gén.*

LASSUS. — Jean de Lassus, de S.-Josse, vend à Mᵍʳ Jean de la Porte, chevalier, 10 livres de rente sur la vicomté du Pontà-Poissons, à Abbeville, le 13 avril 1319. *Arch. du Roy.* — Jean, sire de Sempy, tient du Roi, son fief de Lassus en 1378. *Fiefs de Ponth.*

LATTRE. — Porte : *d'or à 2 écussons d'azur, l'un au côté senestre du chef, l'autre en pointe, au franc-quartier de gueules, chargé d'une molette d'éperon d'or.* — Raoul de Lattre, signe une donation de 1100 de Guy, comte de Ponthieu, à l'abbaye de S.-Josse. *D. Grenier. t. 234.* — Guillaume, et sa femme, font une donation à l'Hôtel-Dieu de Montreuil, 1396. *Braquehaye fils, Ét. Hospit.* — Jean, gouverneur de l'Hôtel-Dieu, 1493. *Id.* — Isabeau, religieuse dud. Hôtel-Dieu, 1583. *Id.* — Martial, tient un fief de l'abbaye de S.-Josse, 1587. *Terr. de S.-Josse.* — Jacques de Lattre, sieur du Rozel, ancien vice-mayeur d Montreuil, allié à demoiselle Marguerite Grebert, d'où : — A. Charles, sieur de Termes, ancien mayeur en 1647, d'où : 1° Philippe, 2° Marguerite, 3° Marie Madeleine, 4° Catherine et 5° François, ancien échevin et avocat en parlement, père de : *a.* Jeanne Austreberthe, alliée à Louis Descaut, écuyer, sieur d'Avancourt et *b.* noble homme Philippe de Lattre, sieur du Rozel, conseiller du roi et son procureur au bailliage de Montreuil.

B. Anne, veuve de messire Henry Heuzé, sieur d'Arsenville, 1656.

C. Jacques, sieur du Rozel, allié en 1656 à demoiselle Marie Prestault, d'où : 1° Philippe, sieur du Rozel ; 2° Dominique, sieur du Mesnil ; 3° Marguerite et 4° Philippe Jacques, sieur de Hautefeuille, allié le 8 mai 1684, à demoiselle Claude de Lhomel, d'où plusieurs enfants. *Min. des not. et Not. part.*

LAVAL. — Jean de Laval et Françoise Langlois sa femme, à Montreuil 1637. *Min. des not.*

LEAUE. — Originaire d'Abbeville. — Guy de Leaue a un pré à la Bouvacque près Abbeville, en 1340. *Cœuill. de S.-Pierre.* — Nicolas de Leaue et Nicolas Bellegueule, blessent à Abbeville en 1469, Jacot de Bernastre fils de Bertrand. *de Rosny, Rech. gén.* — Jean, archer sous les ordres de Robert de Frame-zelles, chevalier, 1499. — Pierre archer sous M° Oudart du Biez, 1523. *Id.* — Jacques, procureur et conseiller au bailliage de Montreuil, 1573. *Min. des not.* — Adrien, soldat à la garnison de lad. ville, 1575. *Id.* — Guillaume Prud'homme et Jeanne de Leaue, sa femme, 1575. *Id.* — N. de Leaue, allié à demoiselle Claude de Wavrans, mariée en secondes noces à Mathias de la Remondière, sieur de la Gaillarderie, d'où : 1° Nicolas de Leaue, allié en 1578, à Jeanne Rifflart, fille d'Oudart et de An-toinette Viel ; 2° Jean, procureur et notaire à Montreuil, qui se marie et laisse comme enfants : Simon, sieur des Bruyères te-nant fief de l'abbaye de S.-Josse en 1587 et Françoise. *Min. des not.* — Jeanne, religieuse de l'Hôtel-Dieu d'Abbeville en 1612. *Braquehaye fils, Ét. Hospit.* — Demoiselle Hippolyte de Leaue, femme de Bertrand des Essarts, écuyer, sieur d'Am-bricourt. 1646. *Arch. de la ville.*

LAMOTTE. DELAMOTTE. DELEMOTTE. — Antoine De-lemotte, mayeur de S.-Josse, 1637. *Min. des not.* — Marguerite Austreberthe Delamotte de S.-Élisabeth, religieuse de l'Hô-tel-Dieu, vers 1690. *Braquehaye fils, Ét. Hospit.* — Jacques, an-cien échevin en 1692, allié à Marguerite Enlart, d'où : 1° Marie Marguerite, femme d'Antoine Cailleu, sieur du Frien, 1692 ; 2° Jacques, avocat en parlement, 3° Jean, marié à Jeanne Le Roy, *Min. des not.* — Led. Jacques ancien échevin avait pour frère Godefroy, allié à Marie Hurtrel et pour sœur Marguerite, fem-me d'Antoine Enlart. *Min. des not.* — Demoiselle Jacqueline Dutertre, veuve en 1731 de Claude de Lamotte, laisse pour fille et héritière Françoise Austreberthe, veuve en 1780 de N. Car-lier, à Montreuil. *Id.* — Godefroy de Lamotte, ancien lieutenant du maire en 1748. *Reg. des par.*

LE CLERC DES ALEUX. — Porte : *d'argent à un pal écartelé de sable et d'or.* Arm. gén. de France.

LECOCQ. — Jean Lecocq, échevin de Montreuil en 1366. *Chart. de Ponth.*

LECOMTE. — L'abbé Claude Lecomte, de Nempont, coadjuteur de l'Abbé Quénu, maître de l'Hôtel-Dieu, 1787. *Braquehaye fils, Ét. Hospit.*

LÉDÉ. — Nicolas Lédé, abbé de S.-André-aux-Bois, 1642 à 1663. *Cart. de lad. abbaye.*

LEDUCQ. — Louis Grégoire Leducq, est nommé procureur d'office des seigneuries d'Attin, le 16 juillet 1787, par la Comtesse Douairière de Calonne. *Dern. baillis.*

LEFEBVRE. LEFEUVRE. — Pierre Lefeuvre, auditeur à Montreuil en 1425. *Cart. de S.-Saulve.* — Me Lefebvre est installé curé de S.-Josse-au-Val, le 18 mai 1642. *Min. des not.* — Nicolas, maître de l'hôtellerie du Renard en 1724 ; Éloi, maître de l'hôtellerie de la Vignette en 1726. *Min. des not.* — Catherine Lefebvre de S.-Catherine, religieuse de l'Hôtel-Dieu, vers 1730. *Braquehaye fils, Ét. Hospit.* — Éloi, ancien vice-mayeur en 1746. *Reg. des par.*

LEFÈVRE. — Anne Élisabeth Lefèvre de S.-Cécile de S.-Norbert, religieuse de l'Hôtel-Dieu, vers 1728. *Braquehaye fils, Ét. Hospit.*

LEMAIRE. — Marie Louise Lemaire de S.-Monique, religieuse de l'Hôtel-Dieu, vers 1750. *Braquehaye fils, Ét. Hospit.* — Claude, nommé procureur d'office de la seigneurie d'Herly, 2 mai 1754. *Dern. baillis.*

LENCLOS. — Marc de Lenclos, à Maresquel, 1584. *Min. des not.*

LENGAIGNE. — Porte : *de sinople à 1 chef bandé d'argent et de sable de 6 pièces.* Arm. gén. de France. On trouve aussi, *d'or à la croix d'azur chargée d'une merlette d'argent.* — Michel de Lengaigne, écuyer, sieur de Caudermont, beau-frère de Robert Flahaut, vers 1560. *de Rosny, Rech. gén.* — Mahieu de Pocque, père de N. femme de Jacques de Lengaigne mort avant 1571 et de Marguerite, mariée à Denis de Langaigne, frère de Jacques. *id.* — Nicole de Lengaigne, veuve de Pierre Le Duc, demeurant aux Asteulx, et Jeanne Herdier, veuve de Jacques de Lengaigne, tutrice de Denis de Lengaigne héritier de Jacques son père, déclarent leurs fiefs en la sénéchaussée du Boulonnais, en 1571. *Fiefs du Boulonnais.*

LEPORCQ. — Robert Leporcq, notaire à Montreuil en 1586. *Min. des not.*

LESAGE. — Louis Lesage, notaire à Montreuil en 1761. *Reg. des par.*

LESCHAUT. — Flament de Leschaut tient de Waben, le fief du Camp de le Porte, près Montreuil et le fief des Granges, en 1377. *Compt. de Ponth.*

LESCOT. — Gilles Lescot, lieutenant du prévôt de Montreuil, en 1342. *Cart. de S.-André.* — Antoine, marchand à Montreuil en 1595. — François, bourgeois de Paris, juge consul, possédait des terres à Campigneulles-les-Petites, vers 1660. *Braquehaye fils, Ét. Hospit.*

LESNE. — Ernoul Lesne et Bonne Desfontaines, tiennent un fief de l'abbaye de S.-Josse, en 1587. *Terr. de lad. abbaye.* — Claude, mayeur d'Étaples, en 1609, allié à Jeanne Le Fort.

LESNEL. — Jean Lesnel à Montreuil, 1577. *Cart. de S.-André.*

LESPACIÈRE. — Guillerine Lespacière, femme de Hue Aubault, bourgeois de Montreuil en 1356. *Hôtel-Dieu de Montreuil.*

LESPAUT.—Porte: *d'or au créquier de gueules.*—Antoine de Lespaut, écuyer, sieur de Possart, lieutenant d'infanterie, en garnison à Montreuil, allié en 1635 à Louise de Mesghen, veuve en 1662, d'où Marie, mariée en 1671 à François de Lastre, écuyer, sieur de Pernes. *de Rosny, Rech. gén.*

LESPERON.—Originaire de Dieppe.—Porte: *d'azur à 3 molettes d'éperon d'argent.* Waignart. — Marie de Lesperon, veuve en 1750, de François Gaspard de Ray, écuyer, conseiller au présidial d'Abbeville. *de Rosny, Rech. gén.*

LESPINE. — Philippe de Lespine, mayeur de Waben, 1657. *Min. des not.* — Nicolas, conseiller du roi au siège de Waben demeurant à Montreuil en 1668. *Id.*

LESPINOY. — Guillaume de Lespinoy, avocat à Montreuil, bailli de l'abbaye de S.-Josse en 1505, avocat de l'abbaye de S.-Austreberthe de Montreuil en 1507. — Guillaume, auditeur royal à Montreuil, en 1480. — Françoise, religieuse et prieure de S.-Austreberthe de Montreuil en 1577. *Cart. de S.-André.* — Jean, licencié ès-lois, juge et garde de la prévôté de Montreuil, 6 novembre 1516. *Cart. de S.-André.*

LESSAU. — Martin de Lessau, procureur et messager spécial à Montreuil en 1434. *de Rosny, Rech. gén.*

LESSELINE. — Originaire du Boulonnais. — Jean Lesseline, tient fief de la baronnie de Bellebrone en 1477. *de Rosny, Rech. gén.* — Pierre échevin de Montreuil, en 1547. — Antoine, déclare son fief à la sénéchaussée du Boulonnais en 1571. *Fiefs du Boulonnais.* — Jean, fils de Martin Lesseline et de Marie de Ray, 1578. *Min. des not.* — Jean, échevin de Montreuil en 1579, mari de Madeleine Caisier, d'où Anne, femme de Gilles de Lhommel, sieur du Coulombier et des Watines, 1598, d'où postérité. *Reg. des par.* — Jean, demeurant à Engoudsent, 1595. *Min. des not.* — Regnault, soldat sous la charge de M. de Meigneux, à Montreuil, 1589. *Id.* — Martin de Framery, sieur de Conninctun, demeurant à Samer, allié à Isabeau Mallot, veuve de Claude Lesseline, d'où Anne, mariée en 1607 à Sébastien Darsy, lieutenant du bailli de Samer. *de Rosny, Rech. gén.* — François Lesseline, mari de Charlotte Obert, d'où François, 1605 ; Nicolas, 1619. — Jean, sergent major à Montreuil, allié à Madeleine de Hesghes, assiste au mariage de sa cousine Madeleine de Lhommel, fille de Gilles de Lhommel, avec Marc Fiérard, 11 septembre 1633. *Min. des not.* — Claude, est nommé lieutenant des eaux et forêts du

Boulonnais le 23 juin 1633, en remplacement de Guillaume Lesseline décédé. *D. Grenier, t. 74.* — Jean Widehem, mari de Jacqueline Lesseline, 1634. *de Rosny, Rech. gén.* — Claude, mayeur de Boulogne, allié à Françoise de la Haye, d'où une fille Louise, 1658. *Arch. de Boulogne.* — Nicolas, chapelain de S.-Josse au Val, 1666. *Min. des not.* — Victor Lesseline, écuyer, sieur de Belle, allié à Françoise Offré le 30 décembre 1672, d'où Agnès, mariée en 1712 à Gaspard de Bédorède, écuyer, sieur de Montolier, chevalier de S.-Louis, capitaine de cavalerie au régiment de la Motte, d'où Gaspard Louis et Françoise Antoinette. *de Rosny. Rech. gén.* — François du Campe, sieur de Combremont, marié en 1617 à Jacqueline Lesseline, fille de Pierre, sieur de la Malotterie, capitaine et grand bailli de Samer et d'Agnès Bertrand, d'où postérité. *Id.* — Nicolle Lesseline, supérieure de l'hôtel-Dieu de Montreuil en 1726. *Min. des not.* — Louis Marie Adrien Auguste, écuyer, sieur de Chaislieu, mari de Marie Catherine Le Roy, d'où Philippe Antoine, décédé à Boulogne en 1753. *Arch. de Boulogne.*

Fief de Wamin appartenant à François Lesseline, écuyer, en 1617, à François Lesseline, en 1714. Fief de la Malotterie, terre de Bellebrune, en Boulonnais, à Pierre Lesseline en 1620, père de Claude, sieur de la Malotterie. *de Rosny, Rech. gén.*

LEVILLAIN. — Pierre Levillain, curé de Merlimont et de Cucq, 1504. *Cart. de S.-Josse.*

LEUREL. — Jean Leurel, prévot de l'église S.-Saulve, à Montreuil, 1325. *Cart. de lad. abbaye.*

LE LEU. — Nicolas Honoré Le Leu, propriétaire à Longvilliers, nommé procureur fiscal de la châtellenie dud. Longvilliers, le 31 octobre 1782. *Dern. baillis.*

LEVOLANT. — Jean-Jacques Levolant, bailli de Thubeauville, le 29 novembre 1766. *Dern. baillis.*

LHOMEL. LHOMMEL. LOMMEL. — A Montreuil et à Abbeville. — Porte : *d'or à une fasce de sable chargée de trois billettes d'argent.* Arm. gén. de France. — On trouve aussi : *d'azur à 3 pins d'argent, sur une terrasse d'or.* Borel d'Hauterive. — Jean de Lommel, propriétaire à Rambures, 1447. *Extraits des titres originaux.* — Alard de Lommel, homme d'armes, sous le capitaine Sarpe à S.-Riquier, 1467. *Arch. d'Abbeville.* — Esmond de Lhomel, échevin d'Abbeville 1519 et Nicolas échevin 1559. *Id.* — Antoine de Lhommel, gentilhomme de Picardie, est taxé pour subvenir au paiement de la rançon de François Ier en 1529. — Philippe, tenant fief noble à Rambures, 1703. *D. Grenier, et Extraits des arch. de M. le marquis de La Meth, par D. Caffiaux en 1761.* — Jacques de Lhomel, sieur de Cauchie en Marenla, mayeur de Montreuil en 1567, allié à Marie Wallois, d'où Gilles mari d'Agnez d'Ergny, d'où : — *A.* Gilles grand-père de Gilles et de Grégoire qui suivent et — *B.* Jacques, allié le 23 mai 1592 à demoiselle Josette de Ray, sans postérité.

Première branche. Gilles, sieur du Coulombier, vice-mayeur de Montreuil, marié à Marie Anne de la Hodde, d'Abbeville, d'où : 1° Marie, alliée le 20 février 1702 à François Pérache, avocat en parlement et intendant de Mgr le duc de Beauvilliers, demeurant à Paris, d'où postérité ; 2° Gilles Gaspard, écuyer, sieur du Coulombier, conseiller du roi, lieutenant général de police à Montreuil, marié le 3 février 1724, à demoiselle Marie Anne Becquet d'où : Gilles Henri, qui suit ; et en secondes noces à demoiselle Jahel de Rambures, morte sans postérité. — Led. Gilles Henry, sieur du Plouy, secrétaire du roi au parlement de Dijon, mari de demoiselle Madeleine Thérèse Marie Petyst de Morcourt, d'Amiens, d'où : 1° Henriette Adrienne, femme de M. Nicolas Manessier de Wacourt, d'où mademoiselle de Wacourt, demeurant au château de Wacourt, célibataire. 2° Thérèse mariée à M. Charles Marie Blondin de S.-Hilaire, d'où monsieur de S.-Hilaire, demeurant à Abbeville. 3° Louis François Henri, sieur du Plouy, chevalier de S.-Louis, cadet gentilhomme au régiment de la Couronne, mari de demoiselle

N. Duval de Sampty, décédé sans postérité et 4° André Adrien Jérôme, sieur du Plouy, mort en célibat.

Deuxième branche. Grégoire de Lhomel, sieur du Grand-Jardin, vice-mayeur de Montreuil, en 1720, allié à demoiselle Élisabeth Hédoux, en 1696, d'ou entre autres enfants : — A. Marie Élisabeth, morte en célibat. — B. Pierre Augustin, échevin de Montreuil, célibataire. — C. Philippe Nicolas, bénédictin à Paris ; — D. Charles, curé de Gouy ; — E. Jérôme Nicolas, vice-mayeur de Montreuil en 1758, mari de demoiselle Justine Françoise Baillon, décédé sans postérité ; — F. Jacques Grégoire, allié le 25 février 1723 à demoiselle Barbe Havet, d'où postérité éteinte aujourdhui ; — G. Jean-Baptiste, échevin de Montreuil, marié le 16 juillet 1734 à demoiselle Marie Louise Gressier de la Grave, d'où : 1° Élisabeth Scholastique, femme de M° Jacques Césaire Baillon de Lépinet, chevalier de S.-Louis, ancien officier de cavalerie en 1776, major des gardes-côtes de la province de Picardie, morte sans enfants ; 2° Jean-Baptiste, garde du corps du Roi, chevalier de S.-Louis, et capitaine de cavalerie, allié à demoiselle Marie Anne Lefèvre de la Houplière, sans postérité ; 3° Charles Daniel, mari de demoiselle Françoise Austreberthe Cailleu du Frien, d'où des descendants morts aujourd'hui ; et 4° Augustin Bonaventure, allié à Nicole Ursule Victoire Pecquet, d'où : *a.* M. Bonaventure de Lhomel, père de 1° Émile, député du Pas-de-Calais, chevalier de la légion d'honneur, marié à demoiselle Herminie Armand, fille de l'ancien député du Pas-de-Calais, d'où postérité ; 2° Ursule, femme de M. Charles Henneguier, d'où madame Cyrille Quenson de la Hennerie ; 3° Pierre Bonaventure, mari de demoiselle Hermine Henneguier, d'où postérité, et *b.* Ursule, alliée à M. Claude Hacot, chevalier de S.-Louis et de la légion d'honneur, d'où M. Claude Hacot. (Voyez *Hacot.*)

Pierre de Lommel, homme lige de la châtellenie de Lucé, en 1453. *Arch. nat.*

Fief de Lhommel à Rambures, 1575. *Fiefs de Ponth.*

LHOSTE.—Jean Lhoste, tient de Maintenay un fief à Airon, 1380. *Compt. de Ponth.* — Jeannette Lhoste, tient de S.-Wulmer, une maison à Routembercq, près Bédouastre en 1505.

LHOSTELLIER. — Nicolas Lhostellier, tient un fief de l'abbaye de S.-Josse, en 1587. *Ter. de lad. abbaye.* — Nicolas, second mayeur et Antoine, échevin de S.-Josse, en 1671. *Min. des not.*

LHOSTILLIER. — Étienne Lhostillier, échevin de Montreuil en 1690. *Min. des not.*

LIANNES. — Fief de Liannes ou autrement Clérembaut au terroir de Buires le Sec, à Claude Antoine Joachim Pecquet, notaire et procureur au bailliage de Montreuil, par achat d'Henry Gédouin, sieur de Carnetin, le 21 novembre 1771. Puis par succession, à Bonaventure de Lhomel son neveu, dont les descendants le possèdent encore aujourd'hui. Ce fief consistait en un manoir de quatre mesures et demie et en neuf mesures trois-quarts de terre à labour. *Compt. de Ponthieu. (Apanage de Mgr le Comte d'Artois.)*

LIBAUS. — Hugues Libaus, doyen de Montreuil 1201. *Cart. de S.-André.*

LIBOREL. — Sire Jean Liborel, 1476. *Hôtel-Dieu de Montreuil.* — Enguerrand, 1431. *Cart. de S.-André.* — Mehault Liborelle, décédée à Montreuil, 1477. *Id.*

LIGNIER. — Nicolas Lignier, drapier et prévôt en l'échevinage de Montreuil en 1726. *Reg. des par.* — Marie Louise Françoise Austreberthe Lignier de S.-Firmin, religieuse de l'Hôtel-Dieu, vers 1770. *Braquehaye fils, Ét. Hospit.*

LIMEU. — Fief du Coulombier, à Limeu, appartenant à Gilles de Lhomel, sieur du Coulombier, 1605. *Min. des not.*

LIQUOIS. — François Antoine Liquois de Beaufort, de Montreuil, élève du séminaire de S.-Nicolas du Chardonnet à Paris, le 6 octobre 1770. *Arch. Nat.* — Son frère, Charles François Augustin, élève dud. séminaire, en 1772. *Id.*

LISQUES. — Le seigneur de Lisques, fieffé de la prévôté de Montreuil, est convoqué pour la guerre en 1337. *D. Grenier.* — Nicolas de Lisques et Alix de Montuis, sa femme demeurant à Montreuil en 1481. *de Rosny. Rech. gén.* — Anne de Lisques, religieuse de S.-Austreberthe, en 1575. *Min. des not.*

LOBAIN. — Dom Jean Lobain, abbé de S.-Saulve en 1474. *D. Grenier. t. 4.*

LOBEGEOIS. — Robert de Framecourt, allié vers 1380, à Watière Lobegeois, fille d'Enguerrand, chevalier et de Jeanne Patoul, d'où postérité. *de Rosny, Rech gén.* — Jean Lobgeois, médecin de l'Hôtel-Dieu de Montreuil en 1464. *Braquehaye fils.* — La veuve Guillaume de Loblijois, dite *Bruiart* et Mikiel de Loblijois mentionnés dans les titres de l'Hôtel-Dieu de Montreuil. — Jacques Lobegeois, à Attin en 1582. — Jean, allié à Marie de Ramaigny, d'où Jean, Nicolle femme de Thomas Le Poulctier et Jacqueline mariée à Jean Brisset, 1592. *Min. des not.* — Henry, prévôt menant gueude en l'échevinage de Montreuil en 1635. *Id.* — Jean, sergent et receveur des amendes en 1637. *Id.* — Pierre allié à Catherine Boucry, d'où Jean-Baptiste; Catherine, religieuse de la Providence à Bayeux en 1717 et Marie Anne. *Id.* — Marie Fontaine, veuve de Louis Lobegois, chirurgien à S.-Josse sur Mer, en 1754. *Terr. de S.-Josse.*

LOBEL. — Pierre de Lobel, lieutenant de Buires-les-Secques, 1700. *Not. part.* — Jean de Lobel, maître de l'Hôtel-Dieu, de 1543-1550. *Braquehaye fils, Ét. Hospit.* — Porus Queval, sieur de Lobel, 1541.

LOELLE. — Jean de Loelle, sergent de la vicomté de S.-Saulve, 1393. *Cart. de S.-Saulve.*

LOEUILLET. — Antoine Lœuillet, laboureur à Sorrus, en 1650. *Min. des not.*

LOEWYS. — Hue de Loewys, homme de Beaurains, 1253. *Cart. de S.-André.*

LOISEL. — Antoine Loisel, échevin de Montreuil, frère de

Laurence, 1499, homme de fief, 1504 ; lad. Laurence, femme de Nicolas de Gonneville, procureur et conseiller à Montreuil en 1499, d'où Linor de Gonneville, qui avait pour aïeul maternel feu Pierre Loisel, en 1539. *Cart. de S.-André.*

LOISELLE.—E. Loiselle, receveur de l'Abbaye de Ruisseauville, 1715 à 1744. *Quittances de lad. abbaye.*

LOISONS. — Willaume de Loisons, prêtre, chanoine de Dommartin en 1218. *Cart. de S.-André.*

LOMBARD. — Jean-Baptiste Lombard, natif de Gouy-S.-André, élève du séminaire de S.-Louis à Paris, le 10 octobre 1781. *Arch. nat.*

LONDEFORT. — En Boulonnais. — Porte : *d'hermine au lion de sinople,* vers 1350. — Jean de Londefort, écuyer, tient deux fiefs dans la banlieue de Montreuil en 1378. *Compt. de Ponth.*

LONGUESPÉE. — Willaume Longuespée, homme de Beaurains, 1253. *Cart. de S.-André.*

LONGUEVILLE. — En 1729, Le Vicomte d'Isque, achète la seignerie de Longueville, de Louis du Campe, écuyer, sieur de Tardinghen, issu des Lesseline ; elle passe ensuite aux S.-Aldegonde.

LONGVILLERS. — Willaume de Longvillers et la dame héritière de Longvillers, nobles fieffés de la prévôté de Montreuil, sont convoqués pour la guerre en 1337. *D. Grenier.*

LONSEIGNOLS. — Jean Lonseignols fait une donation à l'Hôtel-Dieu, 1464. *Titres dud. Hôtel-Dieu.*

LOPINGUEN. — Jean Lopinguen, marchand à Montreuil, 1461. *Hôtel-Dieu de Montreuil.* — Willemine Lopinguem, religieuse de l'Hôtel-Dieu en 1477. *Id.*

LOPPIN. — Benoît Loppin de Gemeaux, prêtre et doyen des chanoines de S.-Firmin, supérieur de l'hôpital des orphelins de Montreuil, 29 juillet 1762. *Not. part.*

LORICE. LORISSE. — Robert de Lorice, jadis sieur de Beaurains, 1360. *Cart. de S.-André.* — Guillaume Lorisse, procureur général et messager spécial à Montreuil, en 1468, greffier de la prévôté de Montreuil, 1482. *Cart. de S.-Saulve.*

LOSTE. — Jacques Loste, à Montreuil, 1391. *Cart. de S.-Saulve.*

LOUP. — Jean Loup, tenant l'hôtel des Trois Rois à Montreuil, 1464. *Titres de l'Hôtel-Dieu.*

LOURDEL. — Pierre Adrien Lourdel, praticien, est nommé bailli des terres et seigneuries de Verchocq, Fresnoy etc. par Mᵉ Amable François Hubert Marie de Mallet, Baron de Coupigny, sieur de Verchocq et autres lieux, 15 février 1782. *Dern. baillis.*

LOUVENCOURT. — Hughes de Louvencourt, curé de S.-Jean de S.-Austreberthe, 1484. *Cart. de S.-Saulve.*

LOUVIGNY. — Robert de Louvigny, tient deux fiefs, l'un d'Engoudsent, l'autre de Clenleu en 1477. *État du Boulonnais.*

LOVERGNE. — Pierre Lovergne et Jacqueline Le Poulctier, à Montreuil, 1592. *Min. des not.* — Nicolle, femme de Gaspard du Crocq, à Montreuil, 1615. *Id.* — Philippe Lovergne se marie en 1639 avec Diane Helbert. *Reg. des par.* — Ledit Philippe, procureur et notaire à Montreuil, est nommé bailli des terres et bois de Griboval, le 1ᵉʳ octobre 1633. *Min. des not.* — Pierre Lovergne, échevin de Montreuil, mari d'Anne Hardy, d'où Pierre 1647 et Nicolas, 1655. *Reg. des par.* — Jean allié à Jeanne du Crocq, d'où : Nicolas, 1647 et Jeanne, mariée en 1666 à François Le Roy. *Id.* — Nicolle alliée en 1668 à Jean Le Prestre ; elle est assistée de Pierre et de Philippe Lovergne, ses deux frères. *Id.* — Jeanne, sœur de François Lovergne, écuyer, sieur de Grandval, conseiller du Roi et son procureur au siège de Montreuil, et femme de noble homme Jacques Enlart, conseiller du Roi et son bailli prévôtal de Waben, 1690. (Voyez *Enlart*) — Mᵉ Jean-Baptiste Valois Lovergne, procureur et notaire à Montreuil, mari de Marie Françoise Froissart, Austreberthe et Anne Marguerite, cousin et cousines issus de germain paternel de Anne Élisabeth Le Prêtre, 1723. *Not. part.* — Charlotte Lovergne de S.-Joseph, religieuse de l'Hôtel-Dieu, vers 1710. *Braquehaye fils, Ét. Hospit.*

LOZIÈRES. LOZIER. — Nicolas de Lozières, demeurant à Montreuil en 1647. *Min. des not.* — Jacques de Lozier, homme féodal, en 1705. *Cart. de S.-André.*

LUCAS. — Willaume Lucas, lieutenant de Tassart de Herville, bailli des religieux de S.-Saulve, 1437. *Cart. de S.-Saulve.* — Porrus, desservant le fief de Frohens, 1437. *Id.*

LUMBRES. — Marie de Le Vrient, mariée le 25 août 1641 à noble homme Antoine de Lumbres, sieur d'Herbinghen, lieutenant général au bailliage de Montreuil. *de Rosny, Rech. gén.* — Madame de Lumbres, femme d'Antoine de Lumbres, sieur d'Herbinghen, ancien mayeur de Montreuil, ambassadeur pour la diète de Francfort, des électeurs de Brandebourg et de Saxe, et de Pologne, donne des rentes à l'Hôtel-Dieu de Montreuil, en 1669. *Braquehaye fils, Ét. Hospit.*

LUXEMBOURG. — Fief à Merlimont, tenu de Jean de Luxembourg, 1477. *Titres de l'Hôtel-Dieu.*

LYONARD. — Me Antoine Lyonard, échevin de Montreuil en 1630. *Min. des not.*

M

MACHECRIER. MACHECLERC. — Jean Machecrier, *alias* Macheclerc, maître de l'Hôtel-Dieu, vers 1514. *Braquehaye fils, Ét. Hospit.*

MACHY. — Jean de Machy, écuyer, lieutenant du bailli d'Amiens, à Montreuil, 1442. *Cart. de S.-Saulve.* — Jean, notaire apostolique, délégué par l'Évêque, pour assister à l'élection de sire Jean de Lobel, 1543. *Braquehaye fils, Ét. Hospit.*

MACQUEREL. — Fremin Macquerel, fils de Robert, fait hommage au Roi des fief et terre de Berck-sur-mer, le 10 février 1399. *Gaign.*

MACQUET. — Thibault Macquet, prêtre et clerc de l'Église N.-D., 18 février 1619. *Titres de l'Hôtel-Dieu.* — Henri, religieux de l'abbaye de S.-André, 1694. *Cart. de lad. abbaye.*

MACQUINGHEM. — Michel de Macquinghem, marchand à Montreuil 1563. — Robert, demeurant à Beauvoir et Robert, demeurant à Hucqueliers, déclarent leurs fiefs en Boulonnais, en 1572. *État du Boulonnais.* — Jacques, teste en 1595, laissant entre autres enfants, Magdeleine, Marguerite, Anne Marie, Jacqueline et Jeanne. *Min. des not.*

MAGDELAINE. — Fief noble de la Magdelaine, près Montreuil, tenu du Roi à cause du comté de Ponthieu, à Jacques Wllart, écuyer, en 1703, acheté en 1725, par Godefroy de la Motte, marchand à Montreuil, de Daniel Testart, mari d'Austreberthe Wllart. *de Rosny, Rech. gén.*

MAGNIER. — Élisabeth Magnier de S.-Thérèse, religieuse de l'Hôtel-Dieu, vers 1675. *Titres dud. Hôtel-Dieu.*

MAIGNY. — Demoiselle Anne de Maigny, veuve de Nicolas Leutel, à Montreuil, 1592. *Not. part.*

MAIGRET. — Marie Antoinette Maigret de S.-Jean-Baptiste, religieuse de l'Hôtel-Dieu vers 1720. *Braquehaye fils, Ét. Hospit.*

MAILLART. — Christophe Maillart, mari de Catherine Forestier, 1571. *Fiefs du Boulonnais.* — Pierre, de la Calotterie, fait un legs à l'Hôtel-Dieu, 1690. *Braquehaye fils, Ét. Hospit.*

MAILLOC. — Porte : *de gueules à 3 maillets d'argent.* — Dame Marie Françoise du Bourguier, morte en 1759, veuve de Mre Charles, comte de Mailloc, vicomte de Montreuil, chevalier de S.-Louis, capitaine d'infanterie. — Andrieu Mailhoc, archer des ord. sous M^ro Oudart du Biez en 1525. *Gaign.*

MAILLY. — N. de Mailly, dernière sœur grise du couvent de Montreuil, en 1784. *Titres de l'Hôtel-Dieu.*

MAINIÈRES. — Porte : *d'or à 3 bandes d'azur.* — Guillaume de Mainières, seigneur de Maintenay, et Clémence sa femme, vendent au Roi leur forteresse de Montreuil, en juin 1224. *Chart. de Ponthieu.*

MAINTENAY. — Henri de Maintenay et le seigneur de Maintenay, lui cinquième, fieffés de la prévôté de Montreuil, sont convoqués pour la guerre en 1337. *D. Grenier.* — Mess. Jean de Maintenay fut tué à la bataille d'Azincourt. — Enguerrand fonde le prieuré de Maintenay.

Fief à Maintenay à Jean le Viezier, écuyer, en 1508. *Ms. de D. Grenier.*

LE MAINTIL. — Julien Le Maintil, né à Montreuil, en 1594. *Min. des not.*

LE MAIRE. — Jean Le Maire, vicomte de l'abbaye de

S.-Josse-sur-mer, 1587. *Titres de lad. abbaye.* — Nicolas, demeurant à Montreuil, en 1596. *Min. des not.*

MAISNARD. — Marie Maisnard, femme de Jean Enlart, et Scholastique Maisnard, mariée à Antoine Enlart, filles de Jean Maisnard, 1609. *Min. des not.*

MALHERBE. — Jacques Malherbe, maître taillandier, mari de Marguerite Boulenger, demeurant à Montreuil en 1621. *Min. des not.* — Jacques, frère de Claude, femme de Fourcy Monthoir, 1647. *Id.* — Simon, sergent royal à Montreuil, 1706. — Marie Malherbe, veuve de Claude Rault, vivant huissier royal à Montreuil, 1721. *Id.* — M° N. Malherbe, nommé curé de Sorrus, le 29 décembre 1756. *Arch. de Sorrus.* — Pierre, clerc du diocèse d'Amiens, le 12 mars 1759. *Arch. d'Amiens.*

MALINGRE. — Nicolas Malingre, notaire à Montreuil, 1567. — Michel Philippe et Louis Pasquier, de Berck, élèves au séminaire de S.-Nicolas du Chardonnet, à Paris, le 1ᵉʳ octobre 1738. *Arch. nat.* — Michel Malingre, vicomte de Berck, le 9 juillet 1737. *Min. des not.*

LA MALLIÈRE. — Pierre La Mallière, prévôt de Montreuil en 1318. *Cart. de S.-André.*

MANESSIER. — Charles Manessier, écuyer, conseiller d'État, lieutenant général à Hesdin vers 1600.

MANGYS. — Jean Mangys, maître et gouverneur de l'Hôtel-Dieu, 1528-1533. *Braquehaye fils, Ét. Hospit.*

LE MANGNIER. — Jacques Le Mangnier, auditeur à Montreuil en 1499. *Cart. de S.-André.* — Jean, procureur général et messager spécial à Montreuil en 1434. — Jean, auditeur à Montreuil 20 septembre 1430.

MANNAY. — Porte : *d'azur à l'aigle aux ailes rabattues de sable, écartelé d'or à la croix anchrée de gueules.* Waignart. — Sœur Louise de Mannay, trésorière religieuse de S.-Austreberthe de Montreuil en 1577. *Cart. de S.-André.* — Jean, curé de S.-Pierre à Montreuil, 1448. *Cart. de S.-Saulve.*

MANNIER. — Benoist Mannier, curé de S.-Quentin en Marquenterre, puis gouverneur de l'Hôtel-Dieu, 1618-1622. *Braquehaye fils, Ét. Hospit.*

MANSEL. — Jeanne Mansel, femme de Jean Darques, échevin en 1456. *Braquehaye fils, Ét. Hospit.*

MARC. — Guillaume Marc, adjoint pour le Roi au bailliage de Montreuil et Nicolle Dorval, sa femme, 1585. *Min. des not.*

LE MARCHANT. — Guillaume Le Marchant, auditeur à Montreuil, 1499. — Ernoul, bourgeois de Montreuil en 1544, échevin et garde du scel, 1548. *Cart. de S.-André.* — Jeanne, alliée à Philippe du Saulthoir, écuyer, sieur de Senlecque, d'où Marie du Saulthoir, mariée le 15 août 1599 à Charles d'Isque, écuyer, sieur de Billeauville. *de Rosny, Rech. gén.* — Charles Le Marchand, curé de Campigneulles, en 1712. *Titre vu.* — Arnoul, tiers mayeur 1547. *Comp. de l'Échevinage.* — Isabeau d'Outreleaue alliée à Pierre Le Marchant, écuyer, sieur de Charmont, 1597. *de Rosny, Rech. gén.* — Demoiselle Lambarde Le Marchant, veuve d'Hues de la Retz, 1591. *Min. des not.*

MARCOTTE. — Famille originaire d'Abbeville. — Claude Marcotte, à Montreuil, 1585. *Min. des not.* — Jacques Marcotte, notaire à Montreuil en 1700, vice-mayeur, 1719. *Min. des not.*

LE MARÉCHAL. — Mahieu Le Marissal, desservant pour Mahieu de Sorrus, homme de fief de Tingry en 1455. *de Rosny, Rech. gén.* — Jean Mareschal, échevin de Montreuil en 1553. *Arch. de la ville.* — Madeleine Le Maréchal, religieuse de l'Hôpital de Montreuil en 1663. *Hôtel-Dieu.*

MARESKIENS. — Jean Mareskiens, bailli de Waben, 1325. *Cart. de S.-André.*

MARESVILLE. — Fief de Maresville à François de Poilly, mayeur de Montreuil en 1623, à Mre René de Poilly, chevalier de S.-Louis en 1726. *de Rosny, Rech. gén.*

MARION. — Frère Éloi Marion, prieur de la Chartreuse de Neuville, 1786. *Braquehaye fils, Ét. Hospit.*

MARLIÈRE. — Thomas de La Marlière, sergent du Roi en 1380. *Cart. de S.-André.*

MARQUANT. — Marie Jeanne Marquant de S.-Alexis, religieuse de l'Hôtel-Dieu, vers 1725. *Braquehaye fils, Ét. Hospit.* — Louis Marie Bazile, à Hucqueliers, nommé bailli et juge de la châtellenie d'Hucqueliers, 1773. *Dern. baillis.*

MARLES. — Porte : *d'argent au chevron d'azur, cantonné de 3 aigles, de gueules, vers 1350.* Ms. de du Cange. — Giraut et Eudes de Marles, échevins de Montreuil en 1173. — Gilles, chevalier, pair de Beaurains en 1253. *Cart. de S.-André.* — Honoré, époux d'Ide de Bernieulles, père d'Anne, mariée à Montreuil le 15 octobre 1480 à Raoul de Condette, chevalier, sieur dud. lieu ; led. Honoré avait un fief au Courset. *de Rosny, Rech. gén.* — Willaume, auditeur à Montreuil, 1468.

MARSILLE. — Frère Jean Marsille, abbé de Dommartin, 24 septembre 1648. *Cart. de S.-André.*

MARTEAU. — Noël Charles Jean François Marteau, bailli général de Neuville, 19 avril 1747. *Dern. baillis.* — Marie Anne Françoise de S.-Augustin, religieuse de l'Hôtel-Dieu, vers 1755. *Braquehaye fils, Ét. Hospit.*

MARTEL. — Guillaume Martel, comte, Abbé commendataire de S.-Josse-sur-mer, conseiller et aumônier du Roi, 15 juin 1569. *Cart. de S.-André.* — Noble seigneur François Martel, sieur de Hermeville, gentilhomme ordinaire de la chambre du Roi, tient plusieurs fiefs, relevant de l'abb. de S.-Josse en 1587. *Terr. de lad. abbaye.* — Pierre Martel, propriétaire à Bécourt, est nommé procureur d'office de Dignopré et de Bécourt, le 21 août 1770. *Dern. baillis.* — Michel Martel, nommé procureur d'office de Clenleu, en remplacement de Jean-Baptiste Hódoux décédé, le 2 avril 1773. *Dern. baillis.*

MARTIN. — Antoine Martin, conseiller du Roi et receveur

des amendes et épices de toutes les juridictions royales à Montreuil, 1710. *Reg. des par.* — François Martin, gouverneur de l'Hôtel-Dieu, 1603-1618. *Braquehaye fils, Ét. Hospit.*

MASSON. — Charles Masson, échevin de Montreuil, en 1590. *Arch. de la ville.* — Pierre, mayeur de S.-Josse, en 1671. *Min. des not.* — François, ancien échevin en 1732. *Reg. des par.*

MATHELIN. — Sœur Mathelin de S.-Antoine, vicaire des Sœurs Grises à Montreuil, 1766. *Braquehaye fils, Ét. Hospit.*

MATHOUILLET. — François Louis Gaspard Mathouillet, de Montreuil, élève du séminaire de S.-Nicolas du Chardonnet, à Paris, le 3 octobre 1777. *Arch. nat.*

MATTE. — L'abbé Matte, confesseur des religieuses de l'Hôtel-Dieu, 1670. *Braquehaye fils, Ét. Hospit.*

MAUGER. — Jacques Mauger, potier de terre à Sorrus, en 1675. *Not. par.*

MAUGIS. — Sire Jean Maugis, administrateur de l'hôpital de Montreuil 4 avril 1530. *Titres de l'Hôtel-Dieu.*

MAUGRAS. — N. Maugras, échevin de Montreuil, 1722. *Reg. des par.*

MAURY. — Jacques Maury, fils de François et d'Antoinette de Roussent, marié le 18 mai 1733, à Antoinette Pilette. *Reg. des par.* — Louis François, élève du séminaire de S.-Louis à Paris, 1753. *Arch. nat.* — Éloi, échevin de Montreuil, 1760. *Alm. de Picardie.* — Marie Anne Thérèse, religieuse de l'Hôtel-Dieu, vers 1770. *Braquehaye fils, Ét. Hospit.* — Jean-Baptiste, allié à Marie Anne Thérèse Capron, d'où postérité. 1780. *Reg. des par.* — Antoine, receveur de l'échevinage de Montreuil, 1788. *Min. des not.*

MAYEUX. — Alexandre Mayeux, demeurant à Neuville-lès-Montreuil, est nommé procureur d'office, dans les terres et seigneuries de Neuville, Attin et Maresville, le 9 nov. 1773. *Dern. baillis.*

MAYOC. — Jean de Mayoc est cité dans les titres de l'Hôtel-Dieu de Montreuil.

MAYGRET. — Pierre Maygret, potier de cuivre, bourgeois de Montreuil et Chrétienne Sciebault sa femme, 1474. *Cart. de S.-Saulve.*

MAZINGHEN. — Louvelet et Gadiffer de Mazinghen, écuyers de la compagnie de M⁰ Pierre, seigneur de Regnauville, chevalier bachelier, passe la revue à Montreuil le 1ᵉʳ mai 1410. *de Rosny, Rech. gén.* — Led. Louvelet et son frère tués à Azincourt en 1415. *Monstrelet.*

MEIGNOT. — Originaire de Boulogne. — Guillaume Meignot, conseiller de la ville de Montreuil, signe la coutume de cette ville en 1507. — Charles, écuyer, sieur de la Calotterie, maréchal au régiment de Picardie demeurant à Montreuil, marié à Marie Boidard en 1652. *de Rosny, Rech. gén.* — Antoine Meignot, à Montreuil, 1584. *Min. des not.*

MERLE. — Pierre Hugues Victor Merle, né à Montreuil, le 22 août 1766, Général de brigade à l'âge de vingt sept-ans, mort à Marseille le 5 décembre 1830. Créé vicomte par Napoléon Iᵉʳ.

MERLIMONT. — Martin de Mellimont avait une maison à Montreuil vers 1380. *Aveu de Maintenay.* — Jean du Hodet, bailli de Merlimont 1415. *Arch. de Lille.*

Fief de Merlimont à Jean de Le Trasignies en 1575, dont hérita Marguerite de Saquespée ; à Mʳ de Forceville en 1703. — Flour de Fretin, écuyer, vicomte de Merlimont, marié à Françoise Le Prevost, Demoiselle de Pandé, vivant en 1626. *Arch. du dépt.*

MERLIN. — M. Merlin, curé d'Herly, 1789. *Dict. du Pas-de-Calais.*

MES. — Sire Jean du Mes, curé de Contes, 1607. *Cart. de S.-André.*

MESGHEN. — Originaire de Boulogne. — Jacques du Mesghen, procureur général et messager spécial de Robert de Heddène à Montreuil en 1434. — Le 26 février 1427 sentence du prévôt de Montreuil qui maintient sire Jean du Mesgen en la possession de la chapelle de Saint-Antoine à Thérouanne. *Titres de Thérouanne.* — Louise de Mesgen, veuve en 1676 de Pierre de Lesseline, écuyer, sieur de Charlieu, commandant un bataillon au régiment du roi. *de Rosny, Rech. gén.*

MESNIL. — Antoine du Mesnil, sergent à Montreuil, en 1647. *Min. des not.*

MEURISSIER. — Robert Meurissier, marchand ordinaire de chevaux à Montreuil, 1595. *Min. des not.*

MIANNAY. — Pierre de Miannay, auditeur à Montreuil, vers 1425. *Cart. de S.-Saulve.*

MIEURRE. — Willaume de Mieurre, échevin de Montreuil, 1366. — Mre Claude de Lawespierre, écuyer sieur de Mieurre en 1603, père de Jean, chevalier, demeurant à Montreuil, sieur de Mieurre en 1659 et 1675. *Not. part.*

MILLET. — Roboam Millet, notaire à Hucquéliers en 1694. *Cart. de S.-André.*

MILLEVILLE. — Philippe de Milleville, religieux de l'abbaye de S.-Josse, 1504. *Cart. de lad. abbaye.*

MILLY. — André de Milly, abbé de S.-Saulve de Montreuil, 1495. *Cart. de S.-André.*

MIMONT. — Fief de Mimont à Jacques Louis Vainet, écuyer, chevalier de S.-Louis, garde du corps du roi en 1747, aide major de Montreuil en 1772. *de Rosny, Rech. gén.*

MINET. — Toussaint Minet, nommé bailli d'Estrée, le 4 septembre 1785. *Dern. baillis.* — Claude, né à Montreuil, élève du séminaire de S.-Louis à Paris, le 12 octobre 1773. *Arch. nat.*

MIQUELAINE. — Jean Miquelaine, bailli de S.-Saulve, 1391. *Cart. de S.-Saulve.*

MIQUELAWE. — Guérard Miquelawe, procureur des religieux de S.-André-aux-bois, 1407. *Cart. de lad. abbaye.*

MIROIR. — Éloi Miroir, curé de l'église S.-Pierre en 1688. *Reg. des par.* — N. Miroir, chapelain de charité à Montreuil en 1784. *Id.* — Charles René Miroir, secrétaire greffier de l'échevinage de Montreuil, en 1789. *Alm. de Picardie.*

MITON. MITHON. MYTHON. — A Montreuil et à Sorrus. — Antoine Miton, archer sous les ordres de mess. Loys de Hallewin, chevalier, le 14 novembre 1515. *Montres et rev. de la collection Gaign.* — Richard, bailli du comté d'Eu, anobli au mois d'avril 1620. — Laurent, sieur d'Harselaine, major de Montreuil, mari de demoiselle Madeleine de Hesghes, veuve en 1646. *Reg. des par.* — Jacques, sieur d'Harselaine, allié à Marie Accary, d'où Marguerite née en 1669 et Henry, né en 1672. *Id.* — Jacques, sieur de Tourteauville, mari de Claire Marie Catherine Prévost, d'où : Marie Suzanne, 1699 ; Charlotte, 1702 ; Jean François 1703 ; Laurent qui suit, et Marie Anne, alliée en 1750 à Louis Marie de Wierre, écuyer, d'où postérité. Led. Laurent, chevalier, sieur d'Harselaine, ancien capitaine d'infanterie, demeurant à Sorrus, marié à demoiselle Marie Gertrude Delessart, d'où Laurent 1750, d'où, je pense, descend M. de Mython, ancien Président du tribunal civil de Beauvais.

LE MOICTIER. — Marguerite Le Moictier, femme de Pierre Moullart, demeurant à Montreuil en 1627. *Min. des not.*

LE MOISNE. — Jean des Prés, dit *Le Moigne*, écuyer, fait capitaine de l'abbaye de S.-Josse, 12 octobre, 1359. *Chart. de Ponth.* — Demoiselle Marie Le Moisne, veuve de Me Claude de Thubeauville, écuyer, sieur de la Rivière et dame Suzanne de Thubeauville, veuve de messire Samuel de Boulainvilliers, sieur de Berneval, 1592. *Min. des not.* — N. Le Moisne, bourgeois de Montreuil, porte : *d'azur à une fasce d'or chargée d'une croisette de gueules.* Arm. gén. de France.

MOITIÉ. — François Moitié, propriétaire à S.-Josse, en 1671. *Min. des not.*

MOLINÉRY. — Ferdinand de Molinéry, marchand à Montreuil en 1585. — Raoul de Molinéry, mari de Madeleine Audyn, d'où : Germain, allié en 1585 à Catherine de le Wezelière, fille de Crespin et de Jacqueline de Hocedé ; Jeanne, femme d'Antoine du Crocq et Marie, mariée à Noel Guerlain, 1585. *Min. des not.*

MONBAILLY. — Claude Monbailly, marié en 1675, à Marie Bélart, fille de Claude et de Madeleine de Hesghes. *Reg. des par.* — Jacques, ancien échevin en 1668. *Min. des not.*

MONCHEAUX. — Guillaume de Moncheaux, fieffé de la prévôté de Montreuil, est convoqué pour la guerre en 1337. *D. Grenier.*

MONCHY. — Porte : *de gueules à trois maillets d'or 2 et 1.* — Claude de Monchy, abbesse de S.-Austreberthe à Montreuil, 28 mars 1577.

MONSIGNY. — Originaire de Desvres. — Nicolas Monsigny, à Montreuil en 1689, mari de Anne Marie Grebant ou Grebert, d'où : Pierre Nicolas qui suit ; Marie Anne, religieuse de l'Hôtel-Dieu en 1707 ; Marie Jeanne et Louis Grégoire. Pierre Nicolas, mayeur de Montreuil en 1733, allié à Marie Madeleine de Lamotte, d'où Nicolas Godefroy, né le 11 mars 1715. *Reg. des par.* — Ambroise, sacristain de Neuville, 1708. *L'abbé Lefebvre, Chart. de N.-D. des Prés.* — Marie Joseph Monsigny de S.-Thérèse, religieuse de l'Hôtel-Dieu, vers 1710. *Braquehaye fils, Ét. Hospit.*

MONTBETHON. — Originaire du Languedoc. — Porte : *écartelé au 1 et 4 de gueules à la cloche d'or bataillé de sable, au 2 et 3 d'azur à la bande d'or.* — Bertrand de Montbethon, écuyer, sieur de la Chapelle, châtelain de Longvilliers, capitaine au régiment de Villequier, sergent major de Montreuil, allié en 1641 à Madeleine Miton, d'où Antoine, chevalier, sieur de la Chapelle, châtelain de Longvilliers. *de Rosny, Rech. gén.*

MONTCAVREL. — Le château de Montcavrel fut bâti par Philippe, comte de Boulogne, oncle de saint Louis. *D. du Crocq.*

MONTCORNET. — Willaume de Montcornet au lieu de Jean son fils, fieffé de la prévôté de Montreuil, est convoqué pour la guerre en 1337.

MONTEWIS. — Nicolas et Alix de Montewis, sa femme, demeurant à Montreuil en 1481. *de Rosny, Rech. gén.* — Guillaume de Wailly, tient de Wailly, sa terre de Montewis, en 1363.

Fief à Montewis tenu de Wailly à Thomas de Wailly en 1363.

MONTIGNY. — Fief de Montigny en Boulonnais en 1600 à Henri Heuzé qui en vend la moitié à Philippe Destailleurs et l'autre moitié à Jean du Blaisel qui la possédait en 1699 et 1720. *de Rosny, Rech. gén.*

MORAINVILLE. — Jean Morainville et sa femme donnent des rentes à l'Hôtel-Dieu, 1464. *Braquehaye fils, Ét. Hospit.*

MOREL. — Jean Morel, lieutenant du bailli de S.-Josse-sur-mer, 1547. *Titres de l'Hôtel-Dieu.* — Jean, curé de S.-Firmin, à Montreuil, 1448. *Cart. de S.-Saulve.*

MOREUL. — M° Jean de Moreul, chevalier, et M° Floridas, tués à la bataille d'Azincourt, 1415. *Monstrelet.*

MORGAN. — Jean Morgan, demeurant à Amiens, allié à Catherine de Court d'où Jean, sieur d'Estouoy, conseiller au présidial en 1668, allié à demoiselle Marie Pecquet d'où Marie Marguerite mariée le 28 octobre 1675 à François Le Caron, écuyer, sieur de Hauteville. *de Rosny, Rech. gén.*

MORIEUL. — Jean Morieul, fourbisseur d'arquebuse à Montreuil, 1591. *Min. des not.*

MORLAY. — Robert de Morlay à Montreuil, 1167. — Willaume de Morlay, *alias* Campignoëlle, chevalier, 1239. *Cart. de S.-André.*

MORTREUX. — Philippe de Mortreux et Jeanne du Pont, sa femme, à Montreuil, 1584. *Min. des not.*

MORUFEL. — Jean de Morufel tient de Maintenay un fief à Airon-S.-Vast, en 1380. *Compt. de Ponth.*

MOTTE. — Ernoul de La Motte, prévôt de Montreuil, 1384. *Cart. de S.-Saulve.* — Jean, fieffé du bailliage de Montreuil, est convoqué pour la guerre en 1337 ; il portait : *vairé d'or et d'azur.* — François de Montewis, fils d'Oudart, écuyer, sieur de la Motte en 1668. — Jean Ohier, sieur de la Motte, lieutenant de cavalerie boulonnaise en 1727. *de Rosny.* — Charles Paul, écuyer, sieur du Tronquoy, grand bailli d'Hesdin, juin 1694. *Cart. de S.-André.*

MOULLIART. MOULLART. MOULLARD. — Porte : *d'or au lion vairé, armé et lampassé de gueules.* — Pierre Moulliart. échevin de Montreuil, 1563. — Jean, vice-mayeur, 1595, mayeur de 1608 à 1611. Il est qualifié sieur de Séhen. — Mᵉ Jean Moullart, est nommé le 5 septembre 1617, lieutenant en l'élection particulière de Montreuil, place créée par édit de janvier 1598. *Bibl. nat.* — Sœur Catherine Moullard, religieuse de l'Hôtel-Dieu en 1620. *Braquehaye fils, Ét. Hospit.* — Noble hom. Charles, avocat en parlement, à Montreuil, en 1637. — Jean, sieur du Mottoy, lieutenant d'une compagnie de gens à pied au régiment de Longueval, 1637. *Min. des not.* — Demoiselle Gabrielle Moullart, veuve de M. d'Ambricourt et Jacques Moullart, sieur de Vilmarets, son frère. *Not. part.* — Jacques Moullart, sieur de Vilmarets, capitaine au régiment de Picardie, tient un fief à Campigneulles-les-Petites, en 1680. Ce fief provenait de Jean Moullart, écuyer, sieur du Mottoy. *Braquehaye fils, Ét. Hospit.*

Marie Béatrice Moullard, femme de messire Charles de la Chaussée, chevalier, sieur de S.-Aubin, chevalier de S.-Louis, major pour le Roi des ville et citadelle de Montreuil en 1773. *Not. part.* — Messire Simon Joseph Moullard, baron de Torcy, nomme Philippe du Fay, en qualité de bailli de sa terre de Vilmarets, en 1779. *Dern. baillis.*

Pierre Moullard, célèbre géographe né à Montreuil-sur-mer, mort en 1738.

MULIER. — Marie Mulier, sœur de l'hôpital de Montreuil, 1604. *de Rosny, Rech. gén.*

MURET. — Porte : *d'or, à une bande de gueules, chargée d'une merlette d'argent.* Arm. gén. de France. — Originaire du Boulonnais. — Ancelot du Muret, mari d'Isabelle Malayèwe, fille de Baudin, vers 1500. — Pierrequin, frère de Jean, tient de S.-Wulmer une terre, près le flégard de l'église de Leulinghen en 1505, père de Louis, père de Pierrequin qui la releva le 12 décembre 1526. *de Rosny, Rech. gén.* — Pierre, demeurant à Frencq, allié en 1579, à Anne Caudron ; il est assisté de Jean, son frère aîné, demeurant à Attin et de Guillaume, son cousin germain, 1579. *Min. des not.* — Jean, mari de Jeanne Courtois, à Montreuil en 1582. *Id.* — Martin, laboureur à le Turne et Pasquette de Bomy, sa femme, 1583. *Id.* — Marand du Muret, mari de Marie Delaruelle en 1593, d'où Gervais, procureur au siège de Waben, allié en 1593 à Lamberde Poullet, fille de Jacques et François, marié, croyons-nous, à Suzanne Lafontan, d'où : François, né en 1639. *Reg. des par.* — Dom. Grégoire, prieur de Beaurains, 1660. *Id.* — Jacques Obry, allié à Marie du Muret, d'où : 1° Jacques, argentier d'Abbeville, père de Marie, femme de Jean Blondin, greffier de l'amirauté de S.-Valery ; 2° Marie, veuve de Pierre Poultier, 1691. *de Rosny, Rech. gén.*

MUSELET. — Adrien Muselet, bailli de Mannighen au Mont et Avesne, le 28 mars 1753. *Dern. baillis.*

MUSTEL. — Jean Mustel, procureur et messager spécial à Montreuil, 1434. *Arch. d'Abbeville.*

MUTINOT. — Gilbert Mutinot, demeurant à Boulogne, allié à Jeanne de Macquinghen, qui était morte en 1638, d'où postérité. — Noble homme Jean Marie Mutinot, sieur de la Carnoye, commissaire d'artillerie à Montreuil, en 1735. *Min. des not.*

N

NAVELIER. — Jean Navelier, curé de Clenleu, en 1609. *Braquehaye fils, Ét. Hospit.*

NAYET. NAYEZ. — Guillaume Nayet ou Nayez, vivant de ses biens à Boulogne, allié à Anne de S.-Jehan, veuve et remariée à Charles Wyart, sieur de Beauchamps, d'où : 1° Jean Nayet, allié le 23 juillet 1682 à Marguerite de Lhommel, d'où : Marguerite et Denis, curé et chanoine de S.-Firmin à Montreuil ; 2° Marie Louise, femme de Claude Gressier, mayeur d'Étaples, d'où postérité. *D. Grenier.*

NAZART. — Colart et Cozin Nazart 1347. *Hôtel-Dieu de Montreuil.* — Mahieu, tient le fief d'Angermel du sieur de Maintenay, 12 mai 1376. *Chart. de Ponth.*

NÉDONCHEL. — Mᵉ Jean-Baptiste Nédonchel, notaire et procureur à Montreuil, 1748. *Not. part.* — Marie Catherine Victoire Pélagie, femme de M. Louis Antoine de Lespine, avocat en parlement, conseiller du Roi et président des traites à Montreuil, décédée en 1784, âgée de vingt-six ans. *Reg. des par.* — Jean-Baptiste Nédonchel, avocat en parlement à Montreuil, 1784. *Id.*

NELLE. — Jean de Nelle, comte de Montreuil, de Ponthieu et d'Abbeville, mai 1271. *Terr. de Ponth.*

NEMPONT. — Foulque de Nempont donne un moulin à l'abbaye de S.-Josse en 1144, il tenait fief de Hugues de Huppy et est mentionné dans l'acte de fondation de l'abbaye de S.-André-aux-Bois. *Cart. de Valoires.*

Fief à Nempont à Louis Poissant en 1700.

NEUVILLE. NEUFVILLE. — Rifflart de Neufville et Jean, sire de Neufville, neveu d'Arnoul, sire d'Andréhen, maréchal de France, sont convoqués pour la guerre en 1337. *D. Grenier.*

NICOLE. — Me Louis François Nicole, notaire royal à Hucqueliers, nommé bailli de Preurelles, le 15 juin 1773. *Dern. baillis.*

NICQUET. — Jean Nicquet, procureur spécial à Montreuil, 1468, officier de Jean Danel, mayeur de lad. ville en 1477. *Braquehaye fils, Ét. Hospit.* — Gilles, cavalier, 1648. — Jacques, mari de Madeleine Walloix, en 1655. *Min des not.* — Philippe de Lengaigne, sieur du Quesnoy, conseiller du Roi et son lieutenant criminel, à Montreuil, mari de Louise Nicquet, sœur de Marie Nicquet, femme de Noel Hédoux, en 1672. *Id.* — Madeleine Grouve, veuve de Jean Nicquet, en 1676. *Reg. des par.* — Noble hom. Louis Nicquet, sieur de la Verte-voie, fils de noble homme Jean Nicquet, sieur de la Verte-voie, fils de Louis et de Jacqueline Duhamel en 1677. *Min. des not.* — Marie Nicquet, supérieure de S.-Austreberthe, en 1726. *Id.* — Jeanne, veuve de Claude Aubert, de la maison du Roi, 1743. *Not. part.*

NIELLES. — Wautier Le Mayeur de Nielles, près Samer, fieffé de la prévôté de Montreuil, est convoqué pour la guerre en 1337. *D. Grenier.*

NOEL. — Porte : *d'azur à 3 pattes d'oiseau d'argent armées de gueules, 2 el 1.* Waignart. — Jean Noel, chapelain de l'Hôtel-Dieu, en 1477. *Braquehage fils, Ét. Hospit.* — Demoiselle Marguerite Noel, veuve d'Hugues Wllart, 1572. *de Rosny, Rech. gén.* Lad. Marguerite tenait un fief de l'abbaye de S.-Josse-sur-mer en 1587. *Terr. de lad. abbaye.* — Demoiselle Jeanne Noel, veuve de Jean Fourcroy, receveur et fermier de l'église S.-Walloy, curateur de ses enfants qui avaient pour oncles, Guillaume Fiet et Jean Wasselin, en 1588. *Min. des not.* — Jossine

Michaut, femme de Jacques Noel, vers 1600. *De Rosny, Rech. gén.*

LE NOIR. — Porte : *écartelé au 1 et 4 d'argent à la croix anchrée de sable, au 2 et 3 d'azur à 3 roses d'or.* Waignart. — Nicole Le Noir et David Le Burier, marguilliers de l'église S.-Pierre en 1485. *Cart. de S.-Saulve.* — Martin Le Noir, notaire à Montreuil, 1556. — Pierre, Nicolas et demoiselle Claude Le Noir, tiennent fiefs de l'abbaye de S. Josse, 1587. *Terr. de lad. abbaye.*

NOYELLES. NOIELLE. — Adrien de Noielle, laboureur à Bréxent en 1595. *Min. des not.* — Jean de Noyelles, mercier, et Antoine, demeurant à Montreuil, 1492. *Cart. de S.-Saulve.* — M⁰ François de Noyelles, chevalier, sieur de Calonne, Torcy, Hucqueliers, grand bailli, gouverneur du bailliage d'Hesdin, mort le 6 juin 1562. *Cart. de S.-André.*

O

OBEDUS. — Demoiselle Isabelle Obedus, femme de Jean de Beauval, naguère châtelain d'Hesdin, 1469. *Compt. du baill. d'Hesdin.*

OBELLET. — Jean Obellet, maître serrurier à Montreuil, en 1595. *Min. des not.*

OBERT. — Porte : *d'azur au chevron d'or, accompagné de 3 chandelliers de même.* Waignart. — Enguerrand Obert, notaire à Montreuil 12 novembre 1538. — Lambert, notaire à Hesdin, 1568. *Cart. de S.-André.* — Pierre, sieur d'Avesnes, tient un fief de l'abbaye de S.-Josse, 1587. *Terr. de lad. abbaye.* — Daniel Obert, curé de l'Église N.-D. en 1592. *Min. des not.* — N. de Béry, écuyer, sieur de Tilloy, allié vers 1600 à Charlotte Obert, fille de Lambert, écuyer, sieur de Plumoison et de demoiselle de Servins. *Van der Haër.* — François Lesseline, mari de Charlotte Obert, d'où postérité, 1608. *Reg. des par.*

OBIN. — F. Obin, curé de Sorrus, 1708 à 1712. *Arch. de Sorrus.*

OBISSET. — Jacob Obisset, curé de S.-Martin, 1448. *Not. part.*

OCOHC. AUCHOC. — Baugois d'Auchoc, écuyer de la compagnie d'Aubert de Renneval chevalier, passe la revue à Montreuil, le 1er mai 1410. *Gaign.*

OFFROY. — Jean Offroy, avait 3 fiefs à Campigneulles en 1575. *Fiefs de Ponth.*

OHIER. — Porte : *de gueules à deux épées en sautoir d'argent;*

les gardes et poignées d'or. — Marc Antoine Ohier, curé de Loison, demeurant à Montreuil, fils et héritier de Robert Ohier, sieur de la Motte et père de Catherine, en 1774. *Not. part.*

OISEMONT. — Jean d'Oisemont, abbé de Dommartin, mort en 1293. *Chart. anc.*

OISSENCOURT. — Le seigneur Hugues d'Oissencourt doit hommage à l'abbaye de Dammartin en 1250. *D. Grenier.*

ONGNIES. — Lionnel d'Ongnies, sieur de Villeman, conseiller et échanson de M. le duc de Bourgogne et son bailli de Hesdin, 1465. *Compt. de Hesdin.* — Mre Wallerand, chevalier, sieur de Pierrepont, bailli d'Hesdin en 1496. *Id.*

OSTEREL. OSTREL. — Porte : *de gueules à 3 coquilles d'argent 2 et 1 au chef d'or.* Waignart. — D'Ostrel de Lières, porte : *d'argent à 2 bandes d'azur.* id. — Me Guilbert d'Osterel, tenant fief d'Antoine de Hardunthun, à cause de sa terre de Réclinghen. *de Rosny, Rech. gén.* — Gilles d'Ostrel et Guillaume Goffesle, procureur de la société marchande, appelée la Gueude, à Montreuil, juin 1517. *Ext. des arch. du Royaume.* — Demoiselle Marie de Trien, veuve de Philippe d'Ostrel écuyer, sieur de Frelinghen, 1540. — Pierre, sieur de Frelinghen, à cause de sa femme Catherine de la Broye, 8 mai 1543. *Terr. de Tournehem.* — François, faisant fonction d'avocat du Roi aux lieu et place de Jean Rouget. *Braquehaye fils, Ét. Hospit.* — Demoiselle Catherine de Labroye, femme de Pierre d'Ostrel, écuyer, sieur de Frelinghen et de Vertreuse, d'où venait Me Jacques d'Ostrel, sieur d'Autingue, en 1613. *de Rosny, Rech. gén.* — Noble homme Pierre de Hesghes, mari de Catherine d'Ostrel, demeurant à Sorrus, et frère de Antoine de Hesghes, allié à demoiselle Adrienne de Lhomel 1585. *Cart. de S.-André.* — François, fils de messire Gilles d'Ostrel, mari de demoiselle Catherine de Lespinoy, 1569. *Arch. de la ville.*

Demoiselle Jeanne d'Ostrel, veuve de Loys Deleleau, écuyer, sieur de la Garde, demeurant à Montreuil, en 1595. *Min. des not.*

OSTOVE. — Porte : *d'argent au lion d'azur armé et lampassé de gueules.* — Baudoin de Ostove, fieffé de la prévôté de Montreuil, est convoqué pour la guerre en 1337. *D. Grenier.* — Guillaume d'Ostove, chevalier, sieur de Clenleu, comparaît avec la noblesse du Boulonnais en 1588. — A la même époque nous trouvons demoiselle Marguerite d'Ostove, qualifiée dame du Bois-Brûlé à Wailly et de Fauquemberg, à Montreuil. — Marguerite d'Ostove, religieuse de l'Hôtel-Dieu, 1516. *Tit. dud. Hôtel-Dieu.*

OUTREN. — Originaire de Montreuil. — F. Outren, vicaire de Bois-Jean, puis curé de Sorrus, 1712, décédé dans cette paroisse, le 23 septembre 1756. *Arch. de Sorrus.*

P

PAIELLE. — Jean Paielle, échevin de Hesdin, 1567. *Cart. de S.-André.*

PAILLART. — Anne Paillart de S.-Alexis, religieuse de l'Hôtel-Dieu, vers 1675. *Braquehaye fils, Ét. Hospit.*

PAIN. — Guillaume Pain, laboureur, demeurant aux Granges-les-Montreuil et Jeanne Le Vesque, sa femme, 1503. *Cart. de S.-André.*

PAINLEU. — Anselme Sansse, écuyer, sieur de Painleu, demeurant à Sempy, 1554. *Not. part.* — M. de Cosette de Wailly, sieur de Painleu, 1789. *Id.*

PALETTE. — Pierre Palette, lieutenant de Merlimont, vers 1580. *Cart. de S.-Josse.*

PARDIEU. — Porte : *d'azur au chevron d'or à 3 molettes d'éperon d'or.* — On trouve aussi : *de gueules au sautoir d'or, accompagné de 4 aigles de même.* — Pierre de Pardieu, bailli de Dourrier en 1440, procureur général et messager spécial à Montreuil en 1434. *de Rosny, Rech. gén.* — Jacqueline, abbesse de S.-Austreberthe de Montreuil, en 1484. *Id.*

PARDON. — Dom Guy Pardon, moine de S.-Saulve de Montreuil en 1518. *Cart. de S.-André.*

PARIS. — Thomas de Paris, demeurant à Beaumerie, 1584. *Min. des not.* — François Deparis, lieutenant du village d'Écuires, 1705. *Not. part.*

PARENTY. — Gabriel de Parenty demeurant à Campigneulles-les-Petites et Nicolas de Parenty, à Verton, en 1586. *Min. des not.*

PASQUIER. — Originaire d'Abbeville. — Porte : *d'or à un sautoir de gueules, chargé en cœur d'une merlette d'argent.* Arm. gén. de France, 1696. — Antoine, sieur du Rieu, demeurant à Montreuil, allié à Antoinette de Ray, fille de h. h. Jean de Ray, l'aîné, qui était tuteur en 1577 de Jacques et de Marguerite Pasquier, ses petits-enfants. *de Rosny, Rech. gén.* —Denis, censier de Lonquerre, mari d'Antoinette de la Planque, 1579. —Marc, argentier de Montreuil, en 1583. —Alain, notaire et procureur dans lad. ville en 1586. *Min. des not.* — Pierre Pasquier, procureur et notaire à Montreuil, mari de Marie de Roussent, 1677, d'où noble hom. Pierre, sieur de la Cressonnière, avocat en parlement, censeur du Roi et receveur des consignations au siège de Montreuil. *Reg. des par.* — Marie Gabrielle, religieuse de l'Hôtel-Dieu, vers 1695. *Braquehaye fils, Ét. Hospit.* — François frère de Claude Pasquier, curé de Sorrus, qui teste le 27 août 1707. *Not. part.*

PASSET. — Jacques Passet, 1379. *Hôtel-Dieu de Montreuil.*

PASTURE. — Porte : *d'argent à la bande de sable, chargée de 6 fusées d'or.* — Robert de la Pasture, licencié ès-lois, prévôt de Montreuil, en 1505, demeurant à Montreuil, 1500. — Pierre de la Pasture, baron de Courset, mari de demoiselle Marguerite d'Ostove. *Braquehage fils, Ét. Hospit.*

PATTÉ. — Sire Jean Patté, prêtre et chapelain de l'église S.-Pierre, à Montreuil, 1583. *Min. des not.* — Pierre, mari d'Adrienne Roussel, demeurant à Campigneulles, 1585. —Claude, fils de Nicolas et de Jodelle de le Wezelier, marié à Anne Bellart, d'où Jean, allié à Jeanne Renault, 1596. *Id.* — Jacques, soldat de la compagnie du seigneur de Meigneulx, demeurant à Montreuil, 1592. — Jacques, procureur et notaire, bailli de la terre de Wailly, allié à demoiselle Marie Fiérard, veuve de Jacques Bellart, vivant en 1627. *Id.* — Anne Patté, religieuse de S.-Austreberthe, le 8 avril 1652. *Reg. des par.* — François Cirier, sieur de Bergues, allié à Montreuil, à Françoise Patté.

1680. — Claude, conseiller du Roi et bailli de Waben, 1694, porte : *d'or, à 3 bandes engrêlées de sable.* Arm. gén. de France.

PECQUART. — François Pecquart, sergent au siège de Montreuil, 1639. *Min. des not.*

PECQUELOTTE. — Mariette Pecquelotte, religieuse de l'Hôtel-Dieu, 1516. *Braquehage fils, Ét. Hospit.*

PECQUET. — Porte : *d'azur à un cœur d'or, rayonnant d'argent, chargé d'une croix de Lorraine de gueules et une bordure dentelée d'or.* Arm. gén. de France. — Jean Pecquet, à Fordres, déclare ses fiefs à la sénéchaussée du Boulonnais, 1571. *Fiefs du Boulonnais.* — Pierre, à Conchil, 1580. *Arch. de la ville.* — Gabriel, vivant de ses biens à Conchil, avant 1644, allié à Marie Bouchet ou Boucher, d'où : Claude et Pierre, mari de Marie Coulombel, d'où : Louis, Pasquette, femme de Nicolas Verlin et Pierre Charles François, vicomte de Verton en 1671, alliée à Marie d'Égremont ou de Gremont, d'où : 1° Marie, femme de Antoine Dufourny ; 2° Grégoire, lieutenant de Verton, allié à Marguerite Daverton, d'où : *a.* Jacques Grégoire né en 1710, mari de Marguerite Courtois; *b.* Claude, notaire et procureur à Montreuil, mariée à Nicolle Flahaut, d'où : Pierre Nicolas, officier au régiment des dragons de Lunéville, officier de S.-Louis; Jean-Baptiste Liévin, officier au même régiment, chevalier de S.-Louis ; Jean-Baptiste, curé de Marconnelle ; Claude Antoine Joachim, sieur de Lianes et de S.-Honorine, avocat en parlement ; Marie Ursule Nicole, alliée le 7 septembre 1776, à Augustin Bonaventure de Lhomel, d'où postérité. (Voyez *Lhomel.*) 3° Claude Nicolas Pecquet du Bellet, procureur et notaire à Montreuil, mari de Catherine de Hesghes, fille de Nicolas, sieur de Bindesent et de Louise Marie Siriez, d'où : A. Claude, notaire et procureur à Calais, allié à Élisabeth Jeanne du Mont, d'où : François Barthélemi Pecquet du Bellet, procureur en la sénéchaussée du Boulonnais, allié à Boulogne, le 25 avril, 1784, à Geneviève Sylvie Becquerel, veuve de Marie Dupont. B. Jean François, né en 1710, avocat en parlement à Paris. C. Marie Catherine, née en 1708. D. Jean-Baptiste, sieur des Granges, notaire à Montreuil 1730, procureur du roi à Waben, 1739, vice-maire de Montreuil, allié à Marie Antoinette Wallet, d'où entre autres enfants : François, avocat en parlement à Paris ; Marie Catherine Antoinette, alliée le 21 juillet 1751 à Mᵉ Joseph Gaspard Dominique Dupuis, écuyer, sieur du Mégent, d'où Joseph Gaspard Dominique, né le 11 janvier 1762. (Voyez *Dupuis*.)

Une autre branche de cette famille établie à Paris, a donné : Jean, officier aux gabelles du Roi, allié à Marie Charlotte Bruille, d'où Antoine, trésorier de France, général des finances du Roi en Bretagne, anobli en juillet 1715, d'où Marie Marguerite, religieuse au monastère de N.-D. des Hautes-Bruyères, 17 juillet 1720. *Arch. nat.*

LE PECQUEUR. — Ancel Le Pecqueur, maître et gouverneur de l'Hôtel-Dieu de Montreuil, 21 février 1485. *Titres de l'Hôtel-Dieu.*

PELEMBERG. — Jode de Pelemberg, demeurant à Campigneulles-les-Grandes, en 1574. *Min. des not.*

PELLET. — Originaire d'Abbeville. — Porte : *écartelé, au 1 et 4 d'azur à la gerbe d'or surmontée d'une étoile d'or, au 2 et 3 d'azur à la fleur de Lys d'or.* Waignart. — Nicolas Pellet, sieur de la Beausse, greffier du magasin à sel de Ponthieu, à Montreuil, 1555. *de Rosny, Rech. gén.* — Jean, nommé lieutenant de Montreuil, le 23 novembre 1584, allié à Marguerite de Huppy. *Arch. nat.* — Jean Gambier, mari de Marie Pellet et mayeur d'Étaples, 1590. *Min. des not.* — Jean Pelet, sieur de Leuzeux en partie, allié en 1637, à demoiselle Catherine de Cuhault. *de Rosny, Rech. gén.*

PENEST. — Angélique Penest, femme de Louis Poissant, à Sorrus, 1732. *Arch. de Sorrus.*

PÉRACHE. — Guérard Pérache, 1507, Louis 1602 et Claude

1669, sieurs de Maisons Roland. *de Rosny, Rech. gén.* — Pierre, homme d'armes, 1575. — Catherine, religieuse de l'Hôtel-Dieu, 1554, et Jeanne, également religieuse dud. Hôtel-Dieu, 1583. *Id.* — François Pérache, avocat en parlement et intendant de monseigneur le duc de Beauvilliers, marié à Montreuil à Marie de Lhommel, fille de messire Gilles de Lhommel, sieur du Coulombier, lieutenant général de police, 20 février 1702, d'où postérité. *Reg. des par.*

PÉRIN. — Adam Périn, curé de N.-D. en Dernestal à Montreuil, 1448. *Cart. de S.-Saulve.*

PESCAULS. — Arnoul Pescauls, bourgeois et garde du scel de Montreuil, 8 novembre 1353. *Cart. de S.-André.*

LE PETIT. — Laurent Le Petit, échevin de Montreuil en 1173. *Chart. de Ponth.* — Jean, tient un fief à Waben, 1575. *Fiefs de Ponth.* — Hon. hom. Nicolas Petit, avocat au siège et bailliage d'Amiens, mari de demoiselle Marguerite Fournel, demeurant à Montreuil, en 1584. *Min. des not.*

PEZEL. — Robert Pezel, abbé de S.-Saulve, 1366. *Cart. de S.-Saulve.*

PICARD. — Demoiselle Charlotte Picard, femme de Claude de Rambures, teste en 1592, laissant comme héritières Adrienne et Justine de Rambures, sœurs de son mari. *Min. des not.*

PICQUEFEU. — Joseph Pierre Picquefeu, écuyer, sieur de Longpré, fils et héritier de Jacques Picquefeu, demeurant à Montreuil, 1759. *Reg. des par.* — Marthe Picquefeu, de S.-Nicolas, religieuse de l'Hôtel-Dieu, vers 1710. *Braquehaye fils, Ét. Hospit.*

PIERRE. — Pierre, curé de Camiers et de Rombly, 1226. *Cart. de S.-Josse.*

PIERRET. — N. Pierret, inspecteur de la communauté des tanneurs et vanniers, porte : *d'azur à un sautoir d'or chargé en cœur d'une croisette de gueules.* Arm. gén. de France.

PIGNEY. — Antoine Pigney, prêtre et curé de S.-Josse, 1584. *Cart. de S.-Josse.*

PILE. — Walloy Pile, demeurant à Beaumerie, 1580. *Cart. de S.-Saulve.*

PILLET. — N. Pillet, médecin et assesseur à Montreuil, en 1773. *Alm. de Picardie;* chirurgien de l'Hôtel-Dieu, 1793 à 1807. *Braquehaye fils, Ét. Hospit.*

PINGUET. — Jeanne Pinguette tient fief de Maintenay, sur le chemin de Verton, 1376.

PINTE. — M° Bernard Pinte, curé de S.-Jacques à Montreuil, 1492. *Cart. de S.-Saulve.*

PITTEFAUX. — Ferry Le Gressier, écuyer, sieur de la Grave, qualifié sieur de Pittefaux, en 1550. *de Rosny, Rech. gén.*

PLACHE. — André de La Plache, administrateur de l'hôtel-Dieu de Montreuil, 1582. *Min. des not.*

PLANÇON. — Antoine Plançon, bourgeois de la ville de Montreuil, porte : *de gueules à un pal d'argent chargé de trois billettes d'azur.* Arm. gén. de France.

LE PLOUY. — Robert du Ploich, écuyer, et demoiselle Isabeau de Ambainsnelle, sa femme, vendent le quint de Tortefontaine à Jacques de Frencq, le jeune, demeurant à Montreuil en 1363. *de Rosny, Rech. gén.*

POCHOLLE. — A Montreuil. — Porte : *de gueules à la croix d'or accompagnée au 1 et 4 d'un épervier sessorant d'or, au 2 et 3, d'une licorne d'or.* — Jean Pocholle, vicomte de Montreuil, 1390. — Jean, bourgeois de Montreuil, garde du scel de la prévôté, 1419 et 1439. — Sire Jean Pocholle entre dans sa quatrième année de mairie, à Montreuil, le 28 octobre 1395. *Cart. de S.-André.* — Demoiselle Adrienne Pocholle, veuve d'Ancel Pœudecœur, 1588. *Min. des not.*

POILLY. — A Montreuil. — Porte : *d'azur au chevron d'or surmonté en chef de 2 roses feuillées et tigées de sinople, à une étoile de gueules au milieu et un lion d'argent en pointe.* — Noble hom. Jean de Poilly, écuyer, mayeur de Montreuil en 1587, munitionnaire pour le roi, père de noble hom. François de Poilly, écuyer, sieur de Maresville, mayeur de lad. ville en 1623, allié en 1597 à demoiselle Jeanne Belledame, d'où Philippe, sieur du Chocquel et du Parc, mari de demoiselle Anne Le Pottier, demoiselle de la Hestroye, d'où : 1° Philippe, sieur du Chocquel, substitut du procureur du roi en 1684 ; 2° Anne ; 3° Marie alliée le 26 janvier 1684 à Antoine Fiérard, sieur de Beaucorroy, fils de Marc et de Madeleine de Lhommel, d'où postérité. *Not. part.* — Marie de Poilly, supérieure de l'Hôtel-Dieu de Montreuil en 1621. *Braquehaye fils, Ét. Hospit.* — Sœur Jeanne de Poilly, fait profession de religion en la maison de l'Hôtel-Dieu, 29 avril 1655. *Not. part.* — Philippe de Poilly, procureur à Montreuil, 1690. *Id.* — M° Claude, procureur et notaire dans lad. ville, 1714. *Min. des not.*

POIRET. — M° Simon Poiret, desservant le fief du sieur de Clenleu, en 1588. *Not. part.*

POISSANT. — Jean Poissant, 18 avril 1456. *Cart. de Gosnay.* — Jean tient deux fiefs à la Broye, 1575. *Fiefs de Ponth.* — Gaspard, maître de la poste aux chevaux à Nempont, père de Louis, demeurant à Sorrus en 1732. *Arch. de Sorrus.* — Marie Merlin, femme de Gaspard Poissant, décédée en 1722. *Id.* — M° Poissant, curé de Couin pendant quarante et un ans, décédé en 1762. *Épig. du département.* — Jeanne Josèphe, femme de Adrien Maximilien Lambert, ancien lieutenant et receveur de Couin, décédée en 1756. *Id.* — Ricquier, mari d'Anne Delattre, et frère de Françoise, femme de Norbert Loisel à Rue en 1790. *Not. part.*

POITEVIN. — Arnoul Le Poitevin, bourgeois de Montreuil 1250, et mayeur en 1258. *Cart. de S.-Saulve.* — Frère Jean Poitevin, religieux de S.-André-aux-Bois, 1340. *Cart. de S.-André.*

POLLET. — Fremin Pollet, à Marles, 1584. *Min. des not.* —

Jean, mari de Louise Cailleu du Frien, d'où Marie, 1635. *Reg. des par.* — Jacques, allié à Jeanne Esgret, d'où Firmin, né à Montreuil, le 10 août 1652, supérieur du séminaire de S.-Nicolas du Chardonnet et de la communauté des Filles de S.-Geneviève de Paris.

Son portrait gravé par Desrochers est orné de ces vers :

> Pollet, ardent Missionnaire,
> Zélé défenseur de la foy,
> Se montra dans son séminaire
> Digne interprète de la loy.
> Docteur humble dont la doctrine
> Fit admirer en lui la lumière divine.

Demoiselle Jeanne Pollet, veuve en 1723 de Jacques Acary, écuyer, sieur de la Suze, comparaît cette année-là dans le contrat de mariage de Jacques Grégoire de Lhomel, son cousin. *Min. des not.*

PONCHES. — Eudes de Ponches, bienfaiteur de l'abbaye de S.-Josse-sur-mer, en 1144. *Titres de Selincourt.*

PONCIN. — Bernard Poncin, prévôt de l'hôtel de la Monnaie, à Montreuil en 1529. *Lefils, Hist. de Montreuil.*

PONT. — Guérard du Pont, mari de Marguerite de le Faulx, 1590. *Min. des not.*

PONTHIEU. — Jacqueline de Ponthieu, femme de Nicolas de Hampas, médecin de Montreuil, 1557. *de Rosny, Rech. gén.*

LE PORCQ. — Marguerite le Porcq, religieuse de l'Hôtel-Dieu, 1554. *Titres dud. Hôtel-Dieu.*

PORION. — Jean Porion, échevin de Montreuil, 1377. *Cart. de S.-Saulve.*

PORTE. — Aléaume de la Porte, fieffé de la prévôté de Montreuil, est convoqué pour la guerre en 1337. *D. Grenier.* — M. de Le Porte, demeurant à Montreuil, reçoit des lettres de madame d'Artois en 1308. *Compt. de Calais.* — Alyaume, chevalier, sieur d'Espy, prend à bail le vivier d'Airon, de Jean, sire de Wailly en 1357. — Ansel, échevin de Montreuil, 1377. *Cart. de S.-Saulve.* — Guillaume, bailli de Merlimont, pour messieurs de la ville de Montreuil, 1507. *Gaign.*

POSTEL. — M° Thomas Postel, père de M° Jean qui avait pour taion, M° Mahieu Postel, curé de S.-Walloy, 20 octobre 1472. *Titres de l'Hôtel-Dieu.* — Thomas, procureur 1473, Pierre 1507, Claude, notaire, 1531. Jean, notaire, 1579, à Montreuil. *de Rosny, Rech. gén.* — Jeanne, religieuse de l'Hôtel-Dieu, 1537. — Jean, procureur de demoiselle Marguerite Le Brun, veuve de feu Charles Le Vasseur, sieur de Hiermont, 1563. *Compt. des marguilliers.* — Guilbert, sieur du Clivet, paroisse de Preures, y demeurant, commissaire établi en 1562 par le Roi au gouvernement de Tingry. *de Rosny.*

POTHUY. — Pierre Pothuy, curé de Buires, teste le 28 septembre 1728. *Not. part.*

LA POTTERIE. — Jean de La Potterie, archer des ord. sous Mgr de Brezé, grand-sénéchal de Normandie, passe la revue à Montreuil-sur-mer le 7 octobre 1506. *de Rosny, Rech. gén.* — Jeanne de La Potterye, religieuse de l'Hôtel-Dieu, 1516. *Titres dud. Hôtel-Dieu.*

LE POTTIER. POTTIER. — A Montreuil. — Porte : *d'azur, à six boules d'argent, 3, 2 et 1, au chef d'or.* Waignart. — Jean Le Pottier fieffé de la prévoté de Montreuil, est convoqué pour la guerre en 1337. *D. Grenier.* — Noble hom. Mahieu Le Pottier à Waben, 1468. *de Rosny, Rech. gén.* — M° Christophe Le Pottier, procureur et notaire à Montreuil, fils de demoiselle Marie Lescoufflet, veuve de Jean Allard en secondes noces, épouse en 1591, Catherine Fiérard, fille de Charles et de Jodette Noel, sœur de Marguerite Noel, veuve d'Hugues Wllard. *Min. des not.* — Jean, notaire à Montreuil en 1602, 1631, procureur en 1621, allié à Jeanne de Ray, d'où François et Anne, mariée à Philippe de Poilly, écuyer, sieur du Parc. — Led. François, lieutenant au bailliage de Montreuil, puis lieutenant général de l'amirauté de Flandre, allié à Marie Le Porquet, veuve en 1696, d'où trois filles et deux garçons, savoir : 1° Jean, écuyer, sieur de la Hestroye, lieutenant général de l'amirauté de Flandre, puis lieutenant général d'épée au bailliage de Montreuil, dont provenait demoiselle Le Pottier de la Hestroye, femme du comte de Lenoncourt ; 2° Charles, écuyer, sieur d'Ercurt, qui paraît en 1720 avec demoiselles Catherine, Agnez et Marie Marguerite Le Pottier. *de Rosny, Rech. gén.* — Anne Le Pottier, religieuse de l'Hôtel-Dieu de Montreuil en 1622. *Titres dud. Hôtel-Dieu.* — N. Le Pottier, mayeur de Montreuil en 1682. *Not. part.*

POULLAIN. — Guillaume Poullain, natif de Gouy-S.-André, maître ès-arts de l'Université de Paris, gouverneur de l'Hôtel-Dieu, 1463-1480. *Titres dud. Hôtel-Dieu.*

POULLET. POULET. — Nicolas Poullet, garde du scel de Montreuil, 1518. *Cart. de S.-André.* — Jacques, échevin de Montreuil, marié le 27 janvier 1588 à Gabrielle du Bos, fille de défunt Olivier, grénetier à S.-Valéry et demoiselle Marguerite de Louvencourt. *de Rosny, Rech. gén.* — Nicolas, écuyer, sieur de Vaudrighen, avait une fille Marie alliée à Claude de Rebours, sieur de la Perrière. *Id.* — Jacques Poullet, écuyer, sieur de Waudringhem, demeurant à Campigneulles, fils de Nicolas, écuyer, sieur de Waudringhem et de Anne de Bacouel, 1586. *Min. des not.*

POULTIER. POULLETIER. POULCTIER. — Porte : *d'azur à un chevron d'argent, accompagné de trois poulets de même, cretés et barbés de gueules, becqués et membrés d'or, deux en chef et un en pointe.* Arm. gén. de France. — Nicolas Poulletier, tenait fief à Bouillancourt sous Miannay, 1575. *de Rosny, Rech. gén.* — Claude de Beaurains, praticien, et Adrienne Le Pouletier, sa femme, et Thomas Le Pouletier, et Jeanne Le Poultier, cousin et cousines germains, à Montreuil, 1592. *Not. part.* — Jugles Poulletier, secrétaire en la chambre du Roi, sieur de

Léaunes, Brocourt et de Forestel. *de Rosny, Rech. gén.* — Marguerite Le Pouletier, femme de Pierre Fontaine, m⁰ orfévre à Montreuil, 1592. *Min. des not.* — Nicolas demeurant à Étréelles 1592. *Id.* — Louis Poultier, de la paroisse S.-Gilles d'Abbeville, épouse le 2 août 1676, Marie Esgret, de la paroisse N.-D. de Montreuil. *Reg. des par.* — Michel Le Pouletier, allié à Marie Fiérard, d'où probablement Charles, mort en 1639, mari de Marguerite de Lamotte, fille de Jacques et d'Adrienne Sannard, morte le 16 juin 1643, d'où — A. Charles, marié le 2 juin 1654 à Marguerite Gallet, d'où : 1° Charles, né en 1656, capitaine au régiment de la Marche, en 1709 ; 2° Antoine, marié le 14 janvier 1709 à Jeanne Le Boulanger, qui eut : Charles Antoine Rémy Poultier, mari en 1735 de Madeleine Ducrocq, d'où : M. Le curé de S.-Jacques ; Le chanoine ; L'abbé bachelier en Sorbonne ; Sœur S.-Charles bénédictine ; Victoire mariée le 18 février 1783 à M. Jean-Baptiste Grenu et Augustin allié le 16 nov. 1769 à demoiselle Marthe de Beaulieu, fille de Nicolas, écuyer, sieur de Beaulieu et de dame Marie Marthe d'Humbergh de Longchamps, dont une fille Suzanne femme de M. Francastel. *Notes de M. le chanoine Poultier.* B. — Claude marié le 21 septembre 1694 à Madeleine Baillon, d'où : Jacques notaire et procureur à Montreuil, qui épouse le 27 février 1729, demoiselle Barbe Lovergne, dont il a : 1° Jean-Baptiste Jacques Poultier, lieutenant général du bailliage de Montreuil, député dudit bailliage à l'Assemblée Nationale, mort sans alliance ; 2° demoiselle Françoise Marie Austreberthe mariée en 1755 à Nicolas Philippe Augustin de Lhomel, échevin de Montreuil, en 1756, d'où plusieurs enfants morts en bas âge ; 3° Claude Rémi, avocat, juge au tribunal de Montreuil, marié à Marie Louise Sta, d'où : a. Aimée Marie Louise Émérante, femme de Jean-Baptiste Jérôme Chomel, maire de Montreuil, dont postérité ; b. Jean-Baptiste Marie, allié à demoiselle Aglaé Poultier, sa cousine, d'où plusieurs enfants ; *c.* Hilaire François Emmanuel, conseiller général du Pas-de-Calais, mari de mademoiselle Virginie Herbout, de S.-Omer, d'où postérité. *Not. de M. Duffos, de S.-Josse.,* et *Not. part.*

POURRE. — Antoine Pourre, sieur de la Becque, époux de demoiselle Marguerite de Haffrengue, 1646. *de Rosny, Rech. gén.* — Guillaume, demeurant à Montreuil, 1577. *Min. des not.*

POUSSIN. — Anne Poussin, religieuse de l'Hôtel-Dieu, 1543. *Titres dud. Hôtel-Dieu.*

PRESTAULT. — Nicolas Prestault, demeurant à Montreuil en 1675. *Min. des not.* — Antoine, veuf de Anne Hertault, marié à demoiselle Jacqueline du Crocq, fille de Nicolas, 1597, d'où : 1° Antoine, lieutenant des chirurgiens de Montreuil, ancien échevin en 1656, mari de Marie Dailly, d'où : Marie, mariée en 1656 à Jacques de Lattre, sieur du Rozel et Anne, femme de Claude Jacquemin, lieutenant des chirurgiens du Roi, dont postérité ; (Voyez *Jacquemin.*) 2° Jacqueline, femme de Jean Dutertre, bourgeois de Montreuil ; 3° Marie, veuve de Pierre Sauvereulx, ancien vice-mayeur de Montreuil, d'où : *a.* Pierre Sauvereulx, notaire et procureur en lad. ville, 1656. — Et *b.* Jeanne, femme de Philippe Cucheval, marchand à Montreuil. *Not. part.*

LE PRESTRE. — Porte : *d'azur à 3 têtes de chien d'argent, 2 et 1.* Waignart. — Jean Le Prêtre, à Montreuil, ancien échevin en 1704, mari de Nicolle Lovergne, d'où : Jean-Baptiste qui suit ; Anne Jacqueline, veuve en 1740 de Louis Boudou, procureur en la mairie de Montreuil ; François allié à Jeanne Le Roy, veuve en 1723. Led. Jean-Baptiste échevin et garde du scel royal à Montreuil, marié à Marguerite Austreberthe Boudou, d'où : 1° Anne Élisabeth, alliée le 3 février 1723 à François Havet, échevin de Montreuil 2° Louis François qui suit ; 3° Jeanne Marguerite, mariée le 13 juin 1740, à Jean Henneguier, sieur de la Vicomté ; 4° Jean-Baptiste Valois, allié en

1724 à Jeanne Françoise Danvin. Led. Louis François, mari de Suzanne Wyart, d'où : François ; Antoine Augustin ; Anne Élisabeth Joséphe, Louise et Françoise Marguerite. *Min. des not. et Not. de M. Paul de Lhomel.*

Fief du petit Moismont, près de Brailly, tenu de Villers sur Authie, aux ayants-cause du sieur Le Prêtre en 1760. *de Rosny, Rech. gén.* — Adrien Flahaut, mari de Jeanne Le Prestre, 1566. *Id.*

PREURELLES. — Louvel de Preurelles, fieffé de la prévôté de Montreuil, est convoqué pour la guerre en 1337. *D. Grenier.*

PREURES. — Benoît de Preures, auditeur à Montreuil, 1461. *de Rosny, Rech. gén.*

PRÉVOST. — Mahieu Le Prévost, fieffé de la prévôté de Montreuil, est convoqué pour la guerre en 1337. *D. Grenier.* — Guy, procureur spécial à Montreuil, 1434. *Cart. de S.-André.* — Demoiselle Antoinette de Sarthon, veuve en secondes noces de Thomas Prévost, ancien mayeur de Montreuil, 1567. *Nobl. de Picardie.* — Marie Prévost, religieuse de l'Hôtel-Dieu de Montreuil, 1583. *Braquehaye fils, Ét. Hospit.* — Claude Prévost, veuve de noble homme Pierre Doresmieux, sieur du Bois-Poulain, d'où : Françoise et Marie. *Min. des not.* — Jean, sergent à verge à Montreuil, 1634. *Id.* — Demoiselle Marie Prévost, femme d'Antoine Cailleu, sieur du Frien, et sœur de Louise alliée à Jacques de Poilly demeurant à Waben et de Suzanne femme de Claude Bosquillon, à Montreuil, 1672. Lad. Marie Prévost était la nièce de Me Jean du Puis, sieur de Verbuisson. *Min. des not.* — Me Jacques, sieur du Quint-d'Aix en Issart, demeurant à Écuires, en 1728. *Id.* — Louis Jean-Baptiste Prévost-Lebas, né à Étaples en 1758, prêtre, puis administrateur du district de Montreuil, mort avocat en 1833. *Braquehaye fils, Ét. Hospit.*

PREVOST. — Pierre Prevost, huissier audiencier au bailliage d'Étaples, nommé procureur d'office de la seigneurie de Fromessent, 28 avril 1767. *Dern. baill.*

PRÉVOTÉ. — Fief de la Prévôté à Maintenay, à Guillaume d'Ostove, 1575, au sieur Durre en 1700. *Fief de Ponth.*

LE PRINCE. — Isaac Le Prince, receveur des terres et seigneuries de Zelucq et Hodicq, vers 1630. *Not. part.* — Gédéon, ancien échevin d'Étaples, 1655. *Id.*

PRUNY. — Guillaume de Pruny, prieur au prieuré de Maintenay, 30 septembre 1350. *Cart. de S.-André.*

PULLE. Baudin de Pulle, sergent de la seigneurie de Beaurains, en 1353. *Cart. de S.-André.*

Q

QUANDALLE. — Originaire d'Étaples. — Bernard Quandalle, allié à Péronne Levèque, d'où : Daniel, qui suit ; François, curé de Cormont en 1724 ; Bernard Cyprien ; Bertrand Honoré ; Jean-Baptiste ; Marie Anne ; Marie Jeanne et Françoise Scolastique. — Daniel, lieutenant des troupes Boulonnaises, demeurant à Camiers, mari de Marie Baillon, veuf en 1724, a eu de cette union : Bernard ; Marie Austreberthe et Michel, demeurant à Montreuil, vice-mayeur de Montreuil en 1756, marié le 27 juillet 1724 à Marguerite Nayet, veuve de Jacques Picart. *Not. part.* — Antoine Quandalle lieutenant du village d'Esrens en 1724 ; il était cousin de Michel. *Id.*

QUÉHEN. — Fief appartenant à Pierre de Disquemue, écuyer, et à ses descendants. — Adrien de Quéhen, demeurant à Quilen, 1185. *Min. des not.* — Jean-Baptiste Quéhen, demeurant à S.-Michel, nommé procureur fiscal de la terre et seigneurie de Quilen, le 27 janvier 1785. *Dern. baillis.*

QUEMBREL. — Demoiselle Suzanne Quembrel, femme de Josse Boitel, chirurgien à Montreuil, en 1721. *Min. des not.*

QUÉNÉHEM. — Pierre de Quénéhem, écuyer, sieur de Pouvigny, réfugié à Montreuil à cause des troubles, en 1592. *Min. des not.*

QUÉNU. — L'abbé Louis Quénu, chanoine de S.-Firmin, gouverneur de l'Hôtel-Dieu, 1762-1792. *Braquehaye fils, Ét. Hospit.*

QUESNOY. KAISNOY. — Jean du Kaisnoy, fieffé de la prévôté de Montreuil, est convoqué pour la guerre, 1337. — Jean du Quesnoy, de Nempont, 1339. *Braquehaye fils, Ét. Hospit.* — Louis du Quesnoy, demeurant à la Calotterie, 1592. *Min. des not.*

QUESQUE. — Denis de Lengaigne, lieutenant de Quesque, en 1611.

QUESSEBRONNE. — Jean de Quessebronne, prévôt de Montreuil, 11 juin 1366. *Arch. du Roy.*

QUEVAL. — Colinet Queval, Jean, Blaise et Henry Queval sont inscrits comme possédant arrière-fiefs de Guillaume de Le Cauchie, 1477. *Fiefs et arrière-fiefs du Boulonnais.* — Jean, procureur de l'abbaye de Dommartin, 1550. — Noel Queval, demeurant à Montreuil, mari de Noelle Le Bon, fille d'Antoine et Nicolas, mari de Jeanne Vintelaire, déclarent leurs fiefs à la sénéchaussée du Boulonnais, 1571. *Fiefs du Boulonnais.* — Antoine, demeurant à Montreuil, allié à Antoinette Lambers, d'où : Marie 1596 ; Philippe 1599 et François 1603. *Reg. des par.* — Demoiselle Antoinette du Castel, dame de Quenneval, alliée à Pierre Queval, d'où Robert, écuyer, sieur de Quenneval 1599. *de Rosny, Rech. gén.* — Noel Queval, ancien échevin et Isaac Queval, échevin, 1630. *Min. des not.* — Simon Queval, ancien échevin, mari de Péronne Renoult, sœur de Françoise, femme de Jacques Patté, 1637. *Id.* — Françoise Queval, de S.-Élisabeth, religieuse de l'Hôtel-Dieu, vers 1670. *Braquehaye fils, Ét. Hospit.* — Noble hom. Noel Queval, docteur en médecine, ancien échevin en 1684, mari de demoiselle Anne de Haffrengue, morte en 1709. *Min. des not.* — Jean, médecin de l'Hôtel-Dieu de Montreuil 1688. *Titres dud. Hôtel-Dieu.* — Demoiselle Madeleine Queval, femme de François Courtin, capitaine des gardes du sel, à Nempont S.-Firmin, 1700. *Reg. des par.* — M. d'Escœuille, mari de demoiselle Marie Queval, 1722. *Id.* — Mᵉ Antoine, chanoine de S.-Firmin, à Montreuil, décédé en 1728. *Id.* — Pierre Queval, curé de S.-Valois, 1757. *Id.*, avait été élève du séminaire de S.-Nicolas du Chardonnet, à Paris, en 1720. *Arch. Nat.*

LE QUIEN. — Jean Le Quien, à Recques, 1591. *Min. des not.* — Perrine Le Quien, religieuse de l'Hôtel-Dieu, 1625. *Braquehaye fils, Ét. Hospit.*

QUIGNOT. — Thomas Quignot, demeurant à Montreuil, 1590. *Min. des not.*

QUILLEN. — Jean de Quillen, fieffé de la prévôté de Montreuil, est convoqué pour la guerre en 1337. *D. Grenier.* — Henry de Quillen, échevin de Montreuil en 1377. *Cart. de S.-Saulve.*

QUI NE RIT. — Enguerran Qui ne rit, sergent à verge et varlet du mayeur de Montreuil, 1473. *Chart. part.*

QUINT d'AIX-EN-ISSART. — Fief situé à Aix-en-Issart, acheté par Jacques de Lhommel, échevin de Montreuil, à Méry de Certieulx, écuyer, sieur de Bougueval, M° ordinaire du Cardinal de Bourbon et à demoiselle Anne du Puich sa femme, 1565. *Compt. du bailliage d'Hesdin.*

R

RABIER. — Antoine Rabier, prêtre, curé de S.-Josse au Val, à Montreuil, en 1688. *Reg. des par.*

RABOUILLE. — M⁰ Nicolas Rabouille, curé de S.-Josse au Val, 1739. *Not. part.*

LE RACTE. — Marc Le Racte, sergent royal à Montreuil en 1506. *Cart. de S.-André.*

RADENNE. — Robert Radenne, demeurant au ménage de Brimeux, 1587. *Min. des not.* — Charles Radenne, tient un fief de l'abb. de S.-Josse, 1587. *Terr. de lad. abbaye.*

RAINCHEVAL. — Jean-Baptiste Henry de Raincheval, chevalier, sieur de Ponchel, Vis, Harponville et autres lieux, grand bailli d'Hesdin, 1746. *Titres de l'Hôtel-Dieu.*

RAMBURES. — Firmin de Rambures, curé de N.-D. en Dernestal, teste en 1592. *Min. des not.* — Nicolas tisserand de toile, Antoine, drapier et Jean, chapelier, demeurant à Montreuil en 1597. *Min. des not.* — Quentin, demeurant à Parenty, 1575. *Min. des not.* — Claude, vend un champ à l'Hôtel-Dieu, 1630. *Titres dud. Hôtel-Dieu.*

LE RAT. — Beaudoin et Guillaume, conseiller et procureur à Montreuil, allié à Périne Desnel, mentionnés dans les titres de l'Hôtel-Dieu, vers 1500. — Guillaume, bienfaiteur de l'Hôtel-Dieu, 1464. *Titres dud. Hôtel-Dieu.*

RAULLERS. — Willaume de Raullers, curé de S.-Walloy, 1448. *Cart. de S.-Saulve.* — Jean, écuyer, sieur de Mauroy, allié en 1640 à Jeanne Hertaut. *de Rosny, Rech. gén.*

RAULLIN. — Pierre Raullin, procureur postulant au bailliage d'Hesdin, en 1566. *Compt. dud. bailliage.*

RAULT. — Jacques Rault, échevin et argentier de Montreuil, en 1602. *Min. des not.* — Marie Malherbe, veuve de Claude Rault, huissier royal au bailliage de Montreuil, en 1721. *Id.*

RAYE. RAY. — Béliet de Ray, homme lige, 1247. *Terr. de Ponth.* — Jean Beskes de Ray, fait hommage à l'abbaye de Dommartin, 1250. *de Rosny, Rech. gén.* — Philippe, Jean, Olivier Pasquier et Philippot de Ray, gens de guerre de Rue, vers 1500. *Arch. d'Abbeville.* — Arnoul de Raye, donne à l'abbaye de S.-Josse-sur-mer, ses droits sur Alette, vers 1551. *Cart. de lad. abbaye.*

RECQUES. RÉKE. — Jean de Réke avait fief à Érembaut, un fief tenu d'Estréelles, arrière-fief de Maintenay, en 1378. *D. Grenier.* — Jean de Joigny, dit Blondel, chevalier, sieur de Recque en 1350.

La terre de Recques fut achetée en 1701 par Dame Élisabeth Hache, veuve de Bertrand de Disquemue, écuyer, sieur de Montbrun, pour elle et son fils Oudart de Disquemue, moyennant 25,900 livres et est restée depuis dans cette famille.

REGNAULT. — Nicolas Regnault, laboureur à Brimeux, mari d'Antoinette de Senneville, d'où un fils appelé Jean, 1575. *Min. des not.* — Nicolas Regnault, lieutenant en la compagnie du seigneur de Brimeux, 1591. *Min. des not.* — Antoine Regnault, demeurant à Montreuil, allié à demoiselle Jeanne Hesse, d'où Antoine, sieur de La Suze, mousquetaire du Roi en 1705, puis major de Boulogne, allié à demoiselle Marie Thérèse Regnault, d'où Marie Antoinette, née en 1729. *de Rosny, Rech. gén.* — Antoine, curé de S.-Walloy et gouverneur de l'Hôtel-Dieu, 1731-1732. *Braquehaye fils, Ét. Hospit.*

RÉGNIER. — Marie Anne de Régnier, de S.-Hubert, religieuse de l'Hôtel-Dieu, 1680. *Braquehaye fils, Ét. Hospit.*

RENARD. — Me Jacques Joseph Renard, est nommé procureur fiscal de Thubeauville, le 29 novembre 1766. *Dern. baillis.*

RENAULT. — Renaud dit *Li Cappeliers*, propriétaire d'une maison et d'un courtil, 1293. *Cart. de S.-Saulve.*

RENAUVILLE. — Wibors de Renaudville, tient deux journaux de l'abbaye de Dommartin, 1250. *de Rosny, Rech. gén.*

RENTY. — Mᵉ Oudart de Renty, seigneur de la châtellenie de Beaurains, 24 mai 1371. *Cart. de S.-André.*

LE RETZ. —Fremin de Le Retz, demeurant à Montreuil tient un fief à Burœulles-les-Beaurains de M. Louis de Bournonville,

REVELEU. — Jean Reveleu, bailli de Beaurains, 1391. *Cart. de S.-André.*

REYSWICH. —Claude de Reyswich, abbé de S.-André 1619. *Cart. de lad. abbaye.*

RICHART. — Jean Richard à Écuires, vers 1322. *Cart. de S.-Saulve.*

RICOUART. — Charles Ricouard, abbé de Dommartin de 1708 à 1721.

RIEU. — Jean du Rieu, mari de Jeanne de Preurelles, 1582. *Min. des not.* — Jean, concierge de l'abbaye de S.-Saulve, en 1586. *Id.* — Jacques du Rieu, demeurant à Montreuil, 1597. *Titre vu.*

RIFFLART. — Oudart Rifflart, marchand à Montreuil, 1571. *Fiefs du Boulonnais.*

RIMACHE. — Pierre Rimache, moine de S.-Saulve de Montreuil, 1518. *Cart. de S.-André.*

RIQUIER. —Jean François Riquier, propriétaire à Brimeux, député aux états généraux, pour le bailliage de Montreuil 1789. *de la Roque.*

RIVET. — Philippe Pierre Rivet, élève du séminaire de S.-Nicolas du Chardonnet, de Paris, 22 octobre 1773. *Arch. nat.*

RIVIÈRE. — Porte : *d'argent au lion de sable armé et lampassé de gueules, à l'orle de gueules.* — Colart de la Rivière, fieffé de la prévôté de Montreuil, comparaît pour la guerre en 1337. *D. Grenier.*

RIVILLON. — Jean Rivillon, auditeur à Montreuil, 20 avril 1484. *D. Grenier. pag. 7 art. 3. A.* — Colard, procureur et conseilller de l'archiduc, au bailliage de Hesdin, en 1500. *Compt. du baill. d'Hesdin.*

ROBART. — Joseph Robart, curé d'Esquemicourt, 1643, prieur du Val Restaut, en 1659. *Cart. de S.-André.*

ROBERT. — H. H. Jacques Robert, ancien échevin en 1629. *Min. des not.* — Jacques, notaire à Montreuil en 1683. — Jacques Robert, vivant de ses biens, à Montreuil, fils de Jacques greffier du bailliage de Waben et de demoiselle Austreberthe Cailleu, 1767. *Reg. des par.*

ROBINET. — Originaire de la Dordogne. — Cette famille s'est établie à Montreuil dans la première moitié du XVIIIᵉ siècle. Elle se composait de 1° François de Robinet, écuyer, sieur de Peignefort, marié en 1747 à Jeanne Antoinette Dupré, d'où une fille ; 2° Marie Anne, alliée à M. Poidevin, propriétaire à Boulogne d'où une fille mariée à M. Millet, de Boulogne et un fils mari d'une demoiselle Vasseur, d'où madame Amiel Dabaut, femme de l'ancien préfet de la Drôme. — 3° Jeanne Françoise, alliée en 1777 à Jean-Baptiste Bruslé, vivant de ses revenus à Montreuil, d'où postérité ; — 4° Marguerite, femme de M. Warrailhon de la Filolie, demeurant à Focane, dans la Dordogne, dont postérité. — 5° Raymond. — 6° Gabriel Joseph, directeur des postes à Montreuil, d'où : M. Raimond de Robinet de Peignefort, ancien directeur des postes à Montreuil, y demeurant.

LA ROCHE. — Famille originaire du Boulonnais. — Adrien de la Roche, cavalier de la compagnie du sieur de Meigneulx, en garnison à Montreuil, en 1594. *Titres de l'Hôtel-Dieu.*

ROCHEBARON. — Monsieur Philippe de Rochebaron, abbé de S.-Saulve de Montreuil, 12 novembre 1538. *Cart. de S.-André.*

ROECHIN. — Agnieulx Rœchin, sous-prieur de S.-Saulve de Montreuil, en 1518. *Cart. de S.-André.*

ROHART. — En'Boulonnais. — Jean Rohart, auditeur à Montreuil, 1483. — Feu Fanchon Rohart et Jeanne Féronne, sa femme, mentionnés dans les titres de l'Hôtel-Dieu de Montreuil. — Jean, procureur et curé à Montreuil, 1492. *Cart. de S.-Saulve.*

ROGIER. — Augustin Rogier, moine de l'abbaye de S.-André, 1594. *Cart. de lad. abbaye.*

ROGNY. — Étienne de Rogny, à Waben, 1585. *Min. des not.*

ROLIN. — M. Rolin, curé de Verton, député du clergé à l'Assemblée nationale, 1789. *de la Roque.*

ROQUES. — Jean de Roques, écuyer, demeurant à Brimeux, 1599. *Cart. de S.-André.* — Le seigneur de la Rocque, fieffé de la prévôté de Montreuil, est convoqué pour la guerre en 1337. *D. Grenier.*

ROSE. — Pierre Rose, cavalier de la compagnie du seigneur de Meigneulx, en garnison à Montreuil, 1594. *Min. des not.*

ROSEMONT. — Wilemine de Rosemont, femme de Bauldin Robba, censier, 1468. *Titres de l'Hôtel-Dieu.*

LA ROSIÈRE. — Gontran de la Rosière, signe une donation de Guy, comte de Ponthieu, à l'abbaye de S.-Josse, de 1180. *D. Grenier. t. 234.*

ROSSIGNOL. — Jacques Rossignol, ancien échevin de Montreuil, 1733. *Reg. des par.*

ROUAULT. — Ambroise Rouault, bailli de Waben, 1590. *D. Grenier.*

ROUGET. — Jean Rouget, avocat du Roi à Montreuil, vers 1545.

ROUSSEL. — Porte : *de sable à 3 aigles d'or.* — Colart Roussel, demeurant à Enquin, vend la seigneurie d'Enquin à Jean Le Brun, demeurant à Montreuil, le 26 décembre 1503. — Dom Turbet Roussel, prieur de S.-Saulve en 1518. *de Rosny, Rech. gén.* — Robert, ayant la garde des magasins et grenier à sel à Montreuil en 1575. *Min. des not.* — Charles, écuyer, sieur de Bresmes, allié à Françoise de Hodicq, gouverneur du château d'Hucqueliers, vers 1588. *Not. part.* — Philippe, écuyer, fils de noble homme Pierre Roussel, écuyer, ancien procureur du roi au siège de Montreuil, 1592. *Id.* — Dom Pierre Roussel, procureur de la maison et couvent de N.-D. des Prés à Neuville, en 1594. *Id.* — Charles, substitut du procureur du roi à Montreuil, 1649. *Id.* — Jacques, échevin de Montreuil, donataire de Nicolas, aux droits de Mre François de Hucqueliers, écuyer, sieur de Famechon, et de demoiselle Jeanne de Lengaigne son épouse, étant aux droits de Me Louis de Lengaigne. *Min. des not.* — Gilles Norbert, élève au séminaire de S.-Louis à Paris, le 11 octobre 1750. *Arch. nat.* — Jeanne Antoinette Roussel, sœur de S.-Joseph, religieuse de l'Hôtel-Dieu vers 1752. *Braquehaye fils, Ét. Hospit.* — Joseph Nicolas, nommé bailli des terres de Maresville, Attin, Avesne les Herly et Neuville, par Dom Joseph Vion, prieur de la chartreuse de Neuville, en 1764. *Dern. baillis.*

ROUSSEN. ROUSSENT. — Pierre tient un fief du bailliage de Waben en 1377 ; Aliames en tient un à Wailly, de Maintenay, un autre de Guérard Deudin et une maison à Montreuil, 1380. *Aveu de Maintenay.* — Jean, clerc et procureur des religieux de S.-Saulve à Montreuil, 1387. *Cart. de lad. abbaye.* — Pierre de Roussent et sa femme donnent des rentes à l'Hôtel-Dieu en 1404. *Braquehaye fils, Ét. Hospit.* — Jean, homme de fief de Bernaville, le 25 octobre 1508. *de Rosny, Rech. gén.* — La Vicomté, ronrmage et tonlieu de Wissant, sont baillés à Maximin de Roussen, le 30 septembre 1550. *Id.* — Fief séant à Ailly, à Nicolas de Roussen, 1575. *Fiefs de Ponth.* — Josse, mari de Marguerite du Saulthoyr, d'où une fille, Marie née en 1612. *Arch. de la ville.* — Adrien, allié à Marguerite Gourdon ou Gourdin, d'où : Antoine Adrien, dragon dans les troupes du roi, décédé le 21 avril 1677, d'une blessure qu'il avait reçue au

siège de S.-Omer. *Reg. des par.* — Adrien de Roussent, mari
de demoiselle Barbe de Lhomel, d'où deux filles : 1° Marie,
femme de M° Pierre Pasquier, avocat en parlement à Montreuil, 2° Catherine, décédée célibataire, 1675. *Min. des not.*
— Martin, maître chirurgien à Montreuil en 1724. *Braquehaye
fils, Ét. Hospit.* — Marie, religieuse de l'Hôtel-Dieu en 1726.
Min des not. — N. de Roussent, lieutenant et premier chirurgien du roi à Montreuil, 1772. — Louis, sieur de Bezancourt
en 1780. *de Rosny, Rech. gén.*

Fief de 30 mesures de bois, en Rouverel, tenu de Fauquembergues, à Pierre de Roussent, 1382.

LE ROUX. — Porte : *de gueules au chevron d'or accompagné
de 3 allérions de même.* Waignart. — Jean Le Roux, lieutenant
de l'abbaye de S.-André, 1507. *Cart. de lad. abbaye.* — Anne
Austreberthe de S.-Agnès, religieuse de l'Hôtel-Dieu, vers
1708. *Braquehaye fils, Ét. Hospit.* — Louis Le Roux, argentier
de Montreuil, 1720. *Aud. de l'Échevinage.*

LE ROY. — François Le Roy, curé de S.-Martin, 1683. *Braquehaye fils, Ét. Hospit.* — Claude, religieuse à Montreuil
vers 1580. — Jacques, procureur spécial de M° Nicaise Hourdel, à Montreuil, en 1481. *Not. part.* — Jean Le Roy, écuyer
sous mess. Enguerran, sire de Coucy, comte de Soissons, à Hesdin, en 1370. *Ms. de la bibl. nat.*

ROZE. — Oudart Roze, gouverneur de l'Hôtel-Dieu, 1586-
1594. *Braquehaye fils, Ét. Hospit.*

RUE. — Guérard de Rue, fieffé de la prévôté de Montreuil,
est convoqué pour la guerre en 1337. *D. Grenier.* — Gérard,
tient fief de Maintenay, 1336. *Compt. de Ponth.*

LA RUE. — Soissons de le Rue, garde du scel à Montreuil en
1492. *Cart. de S.-Saulve.* — Jean de la Rue, marchand de
vins à Montreuil, 1567. — Antoine de la Rue et Laurence de
Poilly, à Conchil, 1587. *Min. des not.* — Guillaume, à Clenleu,
1571. *Fiefs du Boulonnais.*

RUISSEAUVILLE. — Antoinette de Leplancque, veuve de Melchior de Ruisseauville, demeurant à Sempy, en 1613. *Min. des not.* — Jacques, à Humbert, 1584. *Id.*

RUIS. — Demoiselle Gilles de Ruis, femme de Jacques d'Arques, 1466. *Compt. du baill. d'Hesdin.*

RUMET. — François Rumet, écuyer, sieur de Buscamp, Beaucorroy, avocat à Montreuil, marié en 1515, à Marie Le Briois, d'où postérité. (Voyez la généalogie de cette famille dans les Rech. gén. de M. de Rosny.) — N. Rumet, mayeur de Montreuil, mort en 1546. *Lefils, Hist. de Montreuil.* — Nicolas, son fils, lieutenant général au bailliage d'Amiens, à Montreuil, de 1559 à 1563. *Id.*

RUMILLY. — Les enfants de Giraut de Rumilly avaient des rentes dues par la ville de Montreuil en 1259. — Jean de Rumilly, fils d'Arnould, tient un fief de Maintenay en 1383. — Gilles, échevin de Montreuil en 1209. *Ch. anc.*

RUSTICAT. — Colart Le Rusticat, bourgeois de Montreuil garde du scel, 1399 à 1416. *Cart. de S.-André.* — Jean, donne des rentes à l'Hôtel-Dieu, 1464. *Braquehaye fils, Ét. Hospit*

RYMBERT. — En Ponthieu. — Porte : *d'argent à 3 molettes ou merlettes de sable, au chef échiqueté d'argent et de sable de 2 traits, écartelé de gueules à 2 bandes d'or et sur le tout d'azur au chevron d'or à 3 molettes de même 2 et 1.* de Rosny. — Famille originaire de Doullens. — Jean de Rymbert enseigne à Doullens, major de Montreuil-sur-mer, anobli pour services militaires, avril 1587. *de Rosny, Rech. gén.* — Marie Émilie Charlotte Raimbert, religieuse de l'Hôtel-Dieu, 1620. *Braquehaye fils, Ét. Hospit.*

S

SAGNIER. — N. Sagnier, huissier à Montreuil en 1639. *Min. des not.*

SAGINA. — Marie dit Sagina, propriétaire d'une maison sise à Montreuil, paroisse S.-Josse, 1293. *Cart. de S.-Saulve.*

SAILLY. — Louis de Sailly, demeurant à Beutin, en 1575. *Min. des not.*

SAILLYBRAY. — Gilles de Saillybray, tient fief de Maintenay, en 1377. *de Rosny, Rech. gén.*

SAINS. — Renaut de Sains, échevin de Montreuil, en 1173. *Chart. de Ponth.* — Mᵉ Jacques de Sains, fieffé de la prévôté de Montreuil, convoqué pour la guerre en 1337, porte : *de gueules semé de croissants d'argent, au lion de sable.* D. Grenier. — Nicole de Sains, gouverneur de l'Hôtel-Dieu, 1495-1498. *Titres dud. Hôtel-Dieu.* — Il avait pour père Jacques de Sains et pour mère Jeanne Belaud. *Id.* — Willaume de Sains, écuyer, seigneur de Jumez, avait pour bailli Jean de Contes, 1439. *Cart. de S.-Saulve.*

SAINT-AMAND. — Jean de S.-Amand, *dit Expert,* mayeur d'Étaples, 9 août 1518. *Cart. de S.-André.*

SAINT-AUBIN. — Enguerrand de S.-Aubin, fieffé de la prévôté de Montreuil, est convoqué pour la guerre en 1337. *D. Grenier.*

Fief de S.-Aubin près Montreuil, tenu de S.-Saulve, à François Hourdel en 1575. *Fiefs de Ponth.* — Fiefs de S.-Aubin, tenu de Campigneulles et de Maintenay, à Philippe Trachars, en 1376. *Chart. de Ponth.*

SAINT-JEHAN. — Jean de S.-Jehan, mari de Marie Le

Votz, sœur de François, greffier du bailliage de Montreuil, en 1596. *Min. des not.*

Inventaire des biens laissés par Marie Duflos veuve en premières noces d'Antoine de S.-Jehan et en deuxièmes noces, de Marc Hertault, greffier du siège de Montreuil, en 1626. *Min. des not.* — Anne de S.-Jehan, mariée d'abord à Guillaume Nayet, d'où postérité, et ensuite à Charles Wyart, sieur des Rohart, vivant en 1682. *Not. part.*

· SAINT-JOSSE. — Wermand de S.-Josse, 1169 à 1173, neveu d'Enguerrand de S.-Josse, 1163. *Cart. de S.-André.* — Jeanne, dame d'un fief à Maintenay, qu'elle laisse à Masquin de S.-Pol, écuyer, lequel en fait hommage au Roi, le 17 novembre, 1411. *Arch. du Roy.* — Jean, sire de Sempy, chevalier, tient du roi de France, la justice de S.-Josse, en 1376.

· Fief entre S.-Josse et Montewis à Jean de Soierue, en 1377. Fief à S.-Josse, à Adrien de Sarton, en 1375. *de Rosny, Rech. gén.*

· SAINT-LÉGER. — Gérard de S.-Léger, sergent royal à Montreuil, en 1583. *Min. des not.*

· SAINT-MARTIN. — Sire Jean de S.-Martin, dit Nazard. *Titres de l'Hôtel-Dieu de Montreuil.*

SAINT-MICHEL. — Fief de S.-Michel à Nicolas Fourdinier, 1725, à Nicolas Fourdinier, son fils, 1770.

· SAINT-POL. — Hue de S.-Pol, garde de la baillie d'Hesdin, 7 avril 1366. *Cart. de Gosnay.*

· SAINT-RIQUIER. — Marguerite de S.-Riquier, à la Calotterie, 1585. *Min. des not.*

SAINT-SOUPPLIS. — Antoine de S.-Soupplis, procureur spécial de Mᶜ Nicaise Hourdel à Montreuil en 1481. *Not. part.*

SAINTE-MARESVILLE. — Anselme de S.-Maresville prend le bail à cens du bois d'Aires, de l'abbaye de S.-Saulve, 1182.

SAINTE-MARIE. — Girard de S.-Marie, franc-homme de S.-Saulve de Montreuil, 1297. *D. Grenier, t. 46.* — Le Révérend Père Gabriel de S.-Marie, prieur du couvent des Carmes et gouverneur de l'Hôtel-Dieu, 1735-1736. *Braquehaye fils, Ét. Hospit.*

SAISSIS. SAISSY. —Jean de Saissy, échevin de Montreuil en 1377. *Cart. de S.-Saulve.*— Mᵉ Nicolas, bailli de Waben, 1390, prévôt de Montreuil, 1391, son sceau portait : *une bande chargée de 3 fermaux.* Clérembaut. —Ernoul, sergent à verge à Montreuil en 1447. *Vu.* — Pierre, receveur du domaine du bailliage de Hesdin, par lettres du 19 août 1470, a fief à Queux, 1469. *de Rosny, Rech. gén.* — Michel de Saissis, gouverneur de l'Hôtel-Dieu, 1370. *Braquehaye fils. Ét. Hospit.*

SALEMPIN. — Baude Salempin, frère carme à Montreuil, 1477. *Titres de l'Hôtel-Dieu.*

SALINS. — Jean de Salins, sieur de la Porte, de Travers et d'Escuignecourt. *Titres de l'Hôtel-Dieu de Montreuil.*

SALLÉ. — Louis Sallé, échevin de Montreuil, et faisant les fonctions d'argentier, en 1642. *Min. des not.* — Claude, prieur de S.-André, 1643, prieur du Val Restaut, 1663. *Cart. de lad. abbaye.*

SALNIER. SANNIER.— Jean du Salnier le jeune et Adrien du Salnier, tiennent deux fiefs de l'abbaye de S.-Josse, 1587. *Terr. de lad. abbaye.* — Pierre du Sannier, frère Marc de France, né à Verton, récollet au couvent de Saragosse, fait une donation à l'Hôtel-Dieu en 1609. *Braquehaye fils, Ét. Hospit.*

SANGHEN. — Marie de Sanghen, abbesse de S.-Austreberthe de Montreuil en 1262 et Marie de Sanghen, abbesse en 1358. *de Rosny, Rech. gén.*

SARCUS. — Demoiselle Catherine de Sarcus, femme de Bry Disque, écuyer, et Gabrielle de Senlis, veuve d'Antoine Le Charpentier, écuyer, sieur de Wacogne, Colines et autres lieux, 1591. *Min. des not.*

SARRAZIN. — Frère Norbert Sarrazin, circateur de S.-André-aux-Bois, 1643. *Cart. de lad. abbaye.*

SARTHON. SARTON. — Wautier de Sarton, témoin d'üne charte de Th., évêque d'Amiens, juin 1203. *Cart. de Picquigny.* — Milon, chanoine d'Amiens, 1206. *Id.* — Pierre, chanoine, 1207. *Id.* — Anselme, chevalier, 1219. *Terr. du Ponth.* — Hue, à Abbeville, 12 mars 1404. *Chart. de Ponth.* — Adrienne de Calonne, veuve de M° Jean de Couppes, licencié ès-lois, petite-fille de Hue de Sarton, dont elle avait un fief à Aix-en-Issart, 1533. *Baill. d'Hesdin.* — Adrien de Sarton achète à l'abbaye de S.-Josse le fief Lefranc sis dans lad. ville en 1574, et le fief de Rombly en 1586. *Cart. de l'abbaye de S.-Josse.* — Hugues, sieur de Crespieul, natif de Montreuil, marié en premières noces à Françoise de Lamotte et en deuxièmes noces à Anne de Courcol, est enterré en 1578, dans l'église N.-D. de Milan à Arras. *Extraits des épitaphes d'Artois.*

SAUBRINE. — Charles de Saubrine, et Anne Pelet, sa femme, veuve de François de Hesghes, 1577. *Cart. de S.-Josse.*

SAUCH. SAUX. — Jean de Le Sauch, fieffé de la prévôté de Montreuil, est convoqué pour la guerre en 1337. *D. Grenier.* — Sire Mahieu de Le Saux, tient fief à Engoudsen, en Boulonnais, de Robert de Courteville, 1477. *État du Boulonnais.*

SAULTHIER. — Mahieu Saulthier, bourgeois de Montreuil, en 1460. *Titres de l'Hôtel-Dieu.*

SAULTHOIR. SAULTHOYR. — Porte : *d'azur à l'écusson d'argent.* — Ancel du Sauthoir, vers 1500. *de Rosny, Rech. gén.* — Jacques, Jean, Simon et Julienne du Saulthoyr, tenanciers à Alquines, en 1520. *Id.* — Marie, demoiselle de Couppes, alliée à Charles d'Isque, écuyer, sieur de Billeauville en 1599. *Id.* — N. du Saulthoyr, échevin de Montreuil en 1589. *Min. des not.*

SAUNIER. — L'abbé Joseph Saunier, natif de Vergier, près Abbeville, maître de l'Hôtel-Dieu, 1742-1762. *Titres dud. Hôtel-Dieu.*

SAUSSET. — Antoine Sausset, écuyer, homme d'armes sous

les ordres du seigneur d'Antragues, demeurant à Sempy, le 26 juillet 1575. *Min. des not.* — Michel, tient un fief de l'abbaye de S.-Josse-sur-mer en 1587. *Terr. de lad. abbaye.* — Marie, femme de Jean Carmier, qui avait pour frère Henry, 1587. *Min. des not.* — Bertrand, demeurant à Montreuil, 1637. *Id.*

SAVARY. — Simon Savary, greffier à Montreuil, le 27 octobre 1590. *D. Grenier.*

SAVEUREULX. — Guillaume Saveureulx, homme de fief, 1504. — Jean, sieur de Ramecourt, 13 mai 1562. — Marie, femme de François Hannocq, 1582. *Cart. de S.-André.*

LE SECQ. — Guillebin Le Secq, 1421. *Hôtel-Dieu de Montreuil.*

SÉGUIN. — Auguste François Séguin, sous-prieur de S.-André-aux-Bois, 26 février 1694. *Cart. de S.-André.*

SEILLES. SELLE. — En Boulonnais. — Porte : *d'azur au chef d'hermines.* — Le seigneur de Seilles et Baudoin son fils, et Hue de Seilles, fieffés de la prévôté de Montreuil, sont convoqués, eux cinquièmes, pour la guerre en 1337. *D. Grenier.* — Lambert de Selle, avait une maison à Montreuil, paroisse S.-Josse, avant 1293. *Cart. de S.-Saulve.* — Messire François de Hodicq, chevalier, sieur de Courteville, tenait de l'abbaye de N.-D. de Boulogne en 1530, sa terre de Chelle, qui fut à Thierry Lartillier.

SEMET. — Jean-Baptiste Semet, religieux de S.-André, 1705. *Cart. de lad. abbaye.*

SEMPY. — Porte : *d'argent au lion de sable armé et lampassé de gueules.* — Jean de Sempy, fieffé de la prévôté de Montreuil, est convoqué pour la guerre en 1337. *D. Grenier.* — Selon D. Grenier, Jean, sire de Sempy, tenait du Roi, à cause du bailliage de Waben, sa terre de Sempy, en 1378.

SÉNICOURT. — Jean de Sénicourt, sergent au bailliage de Montreuil. *Cart. de S.-Saulve.*

SENINGHEN. — Arnoul de Seninghen avait un tènement à Montreuil, vers 1380. *Aveu de Maintenay.*

SENLIS. — Les hoirs Maillet de Senlis, tenaient un fief du seigneur de Wailly vers 1380. *Aveu de Maintenay.*

SENNEVILLE. — M° Nicolas de Senneville, prêtre et directeur de l'Hôtel-Dieu, 1704-1731. *Braquehaye fils, Ét. Hospit.* — Nicolas, nommé curé de Neuville, 10 décembre 1732, mort en 1748. *Not. part.*

SEPTFONTAINE. — Guillaume Septfontaine, marchand à Montreuil, 1590. *Min. des not.*

SEPTIER. — Catherine Septier, veuve d'Antoine du Four, demeurant à Montreuil, 1592. — Claude, lieutenant général de Beaurains, 1681. *Min. des not.* — Claude, vice-mayeur, 1715. *Id.* — André François, syndic de Beaurains, 1709. *Cart. de S.-André.* — Barbe Austreberthe, religieuse de S.-Austreberthe, 1726. *Min. des not.* — Marie Septier, veuve de Jean Caron, à Brimeux, 1491. *Min. des not.*

LE SERGENT. — Jean Le Sergent, sieur d'Hérembaut, lieutenant du bailli de Montcavrel, en 1646. *de Rosny, Rech. gén.*

SIFFLET. — N. Sifflet, curé d'Airon en 1712. *Arch. du département.*

SIMON. — Jean François Simon, gouverneur de l'Hôtel-Dieu, 1732-1735. *Braquehaye fils, Ét. Hospit.*

SOMAING. — En Ostrevant. — Porte : *d'argent au lion de gueules à la bordure engrelée d'azur.* — Guy de Somaing, un des chevaliers du tournoi d'Anchin en 1096, dont descendait Thierry de Somaing, allié à Isabeau de Hesgues, 1323. *Carpentier.*

SORRUS. SORRUE. — Demoiselle Marie de Sorrue, femme de David de Brimeu, écuyer, seigneur de Humbercourt, 1439. *Cart. de S.-Saulve.* — Philippe de Sorrus, neveu de défunte Périne Grenier, femme de Jean Pélerin, 1487. *Cart. de S.-Saulve.*

SOUASTRE. — Baudoin de Souastre, chevalier, et Fierard d'Aunes, chevalier, plaident contre Jeanne, fille de Jean, sieur de Le Bourre, chevalier en 1343. *Reg. du parlement.*

SOULLART. — Jean Soullart, demeurant à Esquincourt, 1428. *Cart. de S.-Saulve.*

STA. — Antoine Sta, installé bailli de Bourthes, Clenleu et Bimont, le 10 janvier 1733. *Dern. baillis.* — Joseph Marie Sta, notaire royal et bailli d'Enquin, demeurant à Hucqueliers, en 1768. *Id.*

SUBLET. — Jean Sublet, écuyer, sieur de Villers, sergent-major au régiment de Navarre, allié à Barbe Wllart, fille de Jacques, sieur de Romont et de Catherine Pellet. *Waignart.* — Marie Sublet de S.-Claire, religieuse de l'Hôtel-Dieu, vers 1675. *Braquehaye fils, Ét. Hospit.* — Jeanne Sublet de S.-Catherine, religieuse de l'Hôtel-Dieu, vers 1685, supérieure en 1710. *Id.*

LE SUEUR. — Jean Le Sueur, curé de S.-Walloy, 1417. *Braquehaye fils, Ét. Hospit.*

SURELLE. — Jean Surelle, maître de l'Hôtel-Dieu, 1522. *Braquehaye fils, Ét. Hospit.*

SURQUES. — Deux demoiselles de Surques, fieffées du bailliage de Montreuil, envoient un homme pour elles, à la guerre de 1337. *D. Grenier.* — Jean de Surques, sieur des Hosteulx, signe la coutume de Montreuil, en 1507. *de Rosny, Rech. gén.*

SUS-SAINT-LÉGER. — M° Jean de Sus-S.-Léger, licencié ès-lois, auditeur à Montreuil, 1er août 1439. *Cart. de Gosnay.*

T

TALEVA. — Jean Taleva, curé de N.-D. en Darnetal, fait une donation à l'Hôtel-Dieu, 1608. — Noël, son frère, marchand à Montreuil, 1613. *Braquehaye fils, Ét. Hospit.*

TANCARVILLE. — Fief appartenant à l'Hôtel-Dieu, situé à Villiers-sous-S.-Josse et tenu du comte de Tancarville, 1477. *Braquehaye fils, Ét. Hospit.*

TATEVILLE. — Louis Marie de Guiselin, écuyer, sieur de Tateville en 1752. *de Rosny, Rech. gén.*

LE TELLIER. — Pierre Le Tellier tient un fief de l'abbaye de S.-Josse, en 1587. *Terr. de lad. abbaye.* — Guillaume, demeurant à Wailly, 1598. *Min. des not.*

TEMPLE. — M° Geffroy du Temple, clerc du Roi, achète de Gautier, dit *des Nappes,* jadis sergent de feu Alphonse, comte de Poitiers et de Toulouse, 40 sols de rente sur la prévôté de Montreuil, au mois de mars 1275. — Willaume tient fief près de Montreuil, avant l'an 1367. *Compt. des arg. d'Abbeville.* — Jean, sire de Sempy, fait aveu au Roi en 1378, de sa seigneurie du Temple, tenu du bailliage de Waben. *Compt. de Ponth.*

TERNISIEN. — Anne Ternisien de S.-Nicolas, religieuse de l'Hôtel-Dieu, vers 1650. *Titres dud. Hôtel-Dieu.* — Demoiselle Jeanne Marguerite, alliée à messire Louis Ferdinand de Riencourt, vers 1756. *Reg. des par.*

TERNOIS. — Jean de Ternois et feu Madeleine Batel, sa femme, demeurant à Montreuil, le 22 juin 1466. *Hôtel-Dieu de Montreuil*. — Georges Le Ternois, sergent à cheval du bailliage d'Hesdin, vers 1540. *Compt. dud. bailliage.*

TERTRE. — Enguerrand, Jean et Charles, son fils, et Laurent du Tertre, 9 février 1464. *Titres de l'Hôtel-Dieu.*

THIÉBAUT. — Jacques Thiébaut, échevin de Montreuil en 1707. *Reg. de l'échevinage.*

THOMAS. — André Thomas, abbé de S.-André-aux-Bois, 1697 à 1705. *Cart. de lad. abbaye.*

THOMBES. — Michelle de Thombes, veuve de Gérard de S.-Léger, sergent royal à Montreuil, 1585. *Min. des not.* — François, prieur de Rumilly, chanoine et receveur du temporel de l'église N.-D. de Boulogne en 1631.

THOREL. — Jean Thorel, à Beaumont-Maintenay, 12 mai 1376. *Chart. de Ponth.* — Regnaut à Hesdin, 1504. *de Rosny, Rech. gén.* — Hon. Hom. Jacques, allié à Anne du Hamel, d'où Philippe sieur de Campigneulles, allié en 1651, à Catherine Monsigny, sœur de Louis, originaire de Desvres, marié en août 1651 à Anne Thorel. *Min. des not.* — Mᵉ Thorel, curé de Verton, Louis mari de Marguerite de la Rue, Philippe, notaire à Montreuil et François allié à Jacqueline Dailly, tous frères, 1670. *id.* — Jacques Thorel, capitaine de la jeunesse à Montreuil, Marie, veuve en 1723 de N. Dufour, aide-major dans lad. ville, Madeleine veuve de N. Imbert et Anne célibataire, cousin et cousines germains de Barbe Havet, 1723. *Min. des not.*

THUBEAUVILLE. — Porte : *de sable à 2 lions d'argent affrontés et lampassés de gueules.* — Gédéon de Thubeauville, écuyer, sieur de Montewis, tient un fief à S.-Josse, 1587. *Terr. de l'abb. de S.-Josse.*

THUEUX. TUEUX. — Antoinette Thueux, veuve de Jean Bloquel, homme d'armes sous les ordres de Monseigneur de Meigneulx à Montreuil, en 1596. *Min. des not.* — Gérard Tueux, mari d'Isabeau Fillesacq, d'où : Jean, né en 1648 et

Alexandre, né en 1661, marié à Marie Fauchâtre, d'où : François Marie, allié à Marie Anne Claude Forestier, d'où : Alexandre, maire de Montreuil. — Charles Alexandre Thueux, élève du séminaire de S^t.-Louis à Paris, 1731. *Arch. nat.*

TIBERMONT. — Fief à Tibermont, tenu de la pairie de Campigneulles, à Wautier Li Frankiers, en 1377. *Compt. de Ponth.*

TIGNY. — Village situé sur l'Authie. La seigneurie appartenait en 1760, partie à l'abbaye de S.-Josse-sur-mer, tenue du Roi, partie à M. Philippe de Buines, chevalier, tenue de Bellebrune en Waben, et partie à M. Becquin de Nempont. *de Rosny, Rech. gén.*

TILLIETTE. — Clément et Laurent Tillette, à Laiguille en 1585. *Min. des not.* — Adrien, demeurant à Franleu, près S.-Martin en Vimeu, et Marie Tilliette femme de Jean de Waconsains, enfants et héritiers d'Honoré Tillette et de Jeanne de Caïeu. *Id.* — Nicolas Tillette, père d'Antoine allié à Jeanne Alloy, d'où Louis, Antoine, Antoinette et Charles. *Reg. des par.*

TILLY. — Porte : *d'azur à la croix d'argent frettée de gueules.* — Jean de Tilly, fieffé de la prévôté de Montreuil, est convoqué pour la guerre en 1337. *D. Grenier.*

TINGRY. — Regnault d'Azincourt, nommé capitaine et bailli des seigneuries et châteaux d'Hucqueliers et de Tingry en 1437. *Arch. de Lille.* — Jean, sieur de Mieurre, gouverneur et bailli de Tingry et d'Hucqueliers 1503. *de Rosny, Rech. gén.* — Jean de Tingry, 1583. *Min. des not.*

LE TONNELIER. — Pierre Le Tonnelier, archer sous les ord. de M. de Créquy, le 20 janvier 1536. *Ext. des montres et revues de la collection Gaign.*

TONNERRE. — Michel Tonnerre, originaire de Boulogne, demeurant à Montreuil, en 1594. *Min. des not.*

TORCY. — Pierre de Torcy, sergent à cheval du bailli d'Hesdin en 1504. *Compt. dud. bailliage.* — (Voyez la généalogie de cette famille dans les Rech. gén. de M. de Rosny.)

TOULET. — N. Toulet, receveur de l'abbaye de Ruisseauville, 1745 à 1751. *Quittances de lad. abbaye.*

LA TOUR. — Florent de la Tour, argentier de Montreuil, 1627. *Min. des not.*

TOURET. — Jean Touret, auditeur à Montreuil 1430. *Cart. de S.-André.*

TOURNES. — Famille originaire du Boulonnais. — Jean de Tournes avait un tènement à Montreuil avant 1380. *Aveu de Maintenay.*

TOUTENDAL. — Jean de Toudendal, marguillier de l'église S.-Walloy, 1462. *Cart. de S.-Saulve.*

TRACHART. — Philippe Trachart tient de Maintenay, un fief à S.-Aubin et Robert à Wailly, 12 mai 1376. *Chart. de Ponth.*

TRÈPIED. TRÈPIEZ. — Seigneurie tenue du Roi, à l'abbaye de S.-Josse-sur-mer, en 1575 et 1760.

TRICQUET. — Jean Tricquet, notaire à Montreuil en 1686. *Reg. des par.*

TROIS-MAISONS. — Louis des Trois-Maisons, forgeur d'arquebuse à Montreuil, en 1575. *Min. des not.*

TROIS-MARQUETS. — Pierre de Trois-Marquets le père, Mᵉ Pierron et les enfants de Trois-Marquets, créanciers en 1259, de la ville de Montreuil. — La seigneurie de Trois-Marquets, à Jean du Riez, en 1500, à Jacques de Courteville, puis à Jean son frère, 1553. — Les du Wicquet, lui succédèrent en cette qualité, puis les Lefebvre, prirent le nom de ce hameau, situé à Bourthes, canton d'Hucqueliers.

TROISOUPES. — Baudoin Troisoupes, échevin de Montreuil, en 1173. *Chart. de Ponth.*

TROMPETTE. — Feu Robin Trompette et Simonne, sa veuve, 1464. *Hôtel-Dieu de Montreuil.*

TROQUET. — Huon Troquet, tient de Maintenay, un fief et manoir, en 1380. *Compt. de Ponth.*

TRUPPIN. — Regnault Truppin, curé de S.-Josse au Val, 1484. *Cart. de S.-Saulve.*

TUMBES. — Marie de Tumbes, religieuse de l'Hôtel-Dieu, 1620. *Titres dud. Hôtel-Dieu.*

TURPIN. — Sire Mathias Turpin, curé de Gouy, 1573. — Martin, lieutenant de la seigneurie de Gouy, 1644. *Cart. de S.-André.*

U

URRE. — Originaire de Provence. — Porte : *d'argent à la bande de gueules chargée de 3 étoiles d'or*. — Claude d'Urre, sieur de Clenleu, 1734. *Not. part.* (Voyez la généalogie de cette famille dans les Rech. gén. de M. de Rosny.)

V

LE VACQUE. — Jean Le Vacque, dit *Rosimbos*, procureur spécial à Montreuil, 1468. *Titre vu.* — Hon. Hom. Colart de Le Vacq, de Hesdin, 7 avril 1366. *Cart. de Gosnay.*

VACQUERIE. — Mahieu de la Vacquerie, donne sa terre du Val-Le-Roy, sous Montreuil, à l'Hôtel-Dieu, 1409. *Braque-haye fils, Ét. Hospit.* — Jean et Regniaulme, tiennent fiefs de Maintenay vers 1380. *Aveu de Maintenay.*

VAIGNON. — Jacques Vaignon tient un fief du bailliage d'Hesdin, en 1474. *Compt. dud. bailliage.*

VAILLANT. — Pierre Vaillant, père de Nicolas, notaire à Hucqueliers, en 1596. *de Rosny, Rech. gén.* — Pierre, archer de la Compagnie de M. du Rubempré, demeurant à Hucqueliers en 1569. *Id.*

VAINET. — Jacques Vainet, natif d'Aix-en-Issart, abbé de S.-André-aux-Bois, mort à Hesdin le 25 février 1606. *Cart. de S.-André.* — Jacques Louis, écuyer, sieur d'Hesmimont, garde du corps du Roy de la Compagnie de Noailles, en 1747, chevalier de S.-Louis, aide-major de la ville de Montreuil, mort en avril 1786, marié le 31 juillet 1772, à Anne Antoinette Le Roy, demoiselle de Surques, veuve de M° Louis Marie d'Escault, écuyer, chevalier de S.-Louis, sans enfants. *de Rosny, Rech. gén.*

VAL. — Jacques du Val, procureur d'office de l'abbaye de S.-Josse-sur-mer, 1587. *Terr. de lad. abbaye.*

VALOIS. — Jean de Valois, écuyer, et Hendiars, sa femme, fille de Simon Yvrenel, écuyer, vendent des dîmes à Croissy, à l'Hôtel-Dieu de Montreuil, 1287. *Dioc. d'Amiens.*

VALOIRES. — L'abbaye de Valoires porte : *de Ponthieu, chargé d'une crosse d'or, à l'orle de gueules.* D. Grenier.

VANDOSME. — Pierre de Vandosme, demeurant à Montreuil en 1575. *Min des not.*

VARLET. — M° Robert Varlet, procureur pensionnaire de la ville d'Hesdin, 26 février 1694. — Jacques Théodore, garde des magasins du Roi à Hesdin, 6 novembre 1706. *Cart. de S.-André.*

VASSEUR. LE VASSEUR. — Guillaume Le Vasseur, prêtre chapelain de l'hôtel-Dieu en 1533. *Titres dud. Hôtel-Dieu.* — Noble hom. Charles Le Vasseur, sieur d'Hiermont et demoiselle Marie Marguerite Le Brun, sa femme, 13 novembre 1554. *Compt. des marguilliers de l'église N.-D.* — Marc Vasseur, procureur au siège de Montreuil, le 26 février 1694. *Min. des not.* — Pierre Vasseur, marguillier de l'église N.-D., 1592. *Min. des not.* — Dom Jean Le Vasseur, prieur de la chartreuse de Neuville, 1594. *Min. des not.* — Noble hom. Hugues Le Vasseur, sieur d'Hiermont, vend le fief de Gélucques ou Zelucq, à Gilles de Lhommel, sieur de Cauchie en Marenla, le 7 mars 1579. *Arch. du château de Rosamel.* — Robert Le Vasseur, lieutenant du prévôt de Montreuil, 18 mars 1431. *Cart. de S.-Saulve.* — Oudart Antoine Joseph Levasseur, nommé procureur d'office de Lenclos, paroisse de Bernieulles, probablement le 25 mai 1747. *Dern. baillis.*

VAUDRICOURT. — Originaire du Vimeu. — Porte : *de gueules à l'orle d'argent surmonté d'un lambel de même.* — Henri de Vaudricourt, fieffé de la prévôté de Montreuil, est convoqué pour la guerre en 1337. *D. Grenier.* — Louis René de Vaudricourt, de Montreuil, élève du séminaire de S.-Louis à Paris, le 10 octobre 1772. *Arch. nat.* — Jean de Waudricourt, sieur de Nempont, avant 1547. *Braquehaye fils, Ét. Hospit.*

VAULX. — Jean de Vaulx, bailli d'Hesdin, 1375. *Cart. de Gosnay.*

LE VEL. — François Le Vel, sergent de l'échevinage, en 1646. *Min. des not.* — L'abbé Le Vel, chantre à l'Hôtel-Dieu, 1762. *Titres dud. Hôtel-Dieu.*

VELLET. — Nicaise Vellet, procureur et conseiller au siège royal de la prévôté de Montreuil, 1547. *Braquehaye fils, Ét. Hospit.*

VENAIZE. — Jean de Venaize, écuyer, ancien capitaine d'infanterie, demeurant avec sa fille Marguerite, à Montreuil, 1592. *Min. des not.*

LE VER. — Porte : *d'argent à 3 sangliers ou verrats de sable 2 et 1, accompagné de 9 trèfles de même 3, 3 et 3.* Waignart. — Simon Le Ver, chanoine à Montreuil, 1571. — Emmanuel Daniel Antoine Hubert Le Ver, chevalier, marquis de Caux, pair d'Halloy, mousquetaire du roi, mort à vingt-sept ans en 1771, neveu de Marie Emmanuelle Le Ver, mariée le 21 mars 1741, à Henri Joseph Heuzé, chevalier, sieur de Hurtevent, capitaine au régiment Royal-dragons. *de Rosny, Rech. gén.*

VERCHOCQ. — Jean de Verchocq, desservant le fief du chapitre de S.-Firmin, situé à Vron.

VERDURE. — Beaudoin de Renty, écuyer, sieur de la Verdure, 1377, mari de Marie de Waben. *Compt. de Ponth.* — Firmin Pierre Joseph Warnier, écuyer, sieur de Wailly, Lignon, Verdure, en 1766. *Reg. des par.*

VERDY. — Marie Louise Françoise de la Verdy, de S.-Catherine, religieuse de l'hôtel-Dieu, vers 1780. *Braquehaye fils, Ét. Hospit.*

VÉRITÉ. — Thomas Vérité, potier de terre à Sorrus, 1704. *Arch. de Sorrus.*

VERLIN. — Claude Verlin, lieutenant de Verton, 1653. *Cart. de S.-André.*

VERLINCQ. — L'abbé Jacques de Verlincq, notaire apostolique en 1550. *Braquehaye fils, Ét. Hospit.*

VERTON. — Fief à Verton, tenu de Maintenay, appartenant à Tassart de Beaumont, en 1377. *Compt. de Ponth.* — Jean de Wargnies, fait hommage au Roi de la terre de Verton en 1399. — La terre de Verton est entrée dans la maison de Soyecourt, par l'alliance vers 1400, de Louise de Wargnies, avec M. de Soyecourt; des Soyecourt, elle a passé aux La Fontaine-Solare, qui la possédaient encore en 1789. *Not. part.*

LA VESPIERRE. WESPIERRE. — Demoiselle Marguerite de la Wespierre ou Vespierre, mariée le 15 novembre 1603 à Charles de Hesghes, écuyer, demeurant à Sorrus. *de Rosny, Rech. gén.* — Jean, écuyer, sieur de Mieurre, Broutel, Widehen, demeurant à Montreuil, capitaine au régiment de la Rocheguion en 1646. *Id.*

VESSELIÈRE. — Jean de la Vesselière, censier à l'Hôtel-Dieu, vers 1435. *Titres dud. Hôtel-Dieu.*

LE VICOMTE. — Colart Le Vicomte tient fief à Waben en 1377 et Gilles un fief à Waben en 1380. *Compt. de Ponth.*

LE VIEL. — François Le Viel, homme d'armes à Montreuil, 1592. *Min. des not.*

VIENNE. — Antoine de Vienne, marchand et Anne Hacquet, sa femme, demeurant à Montreuil, 1657. *Not. part.*

LA VIÉVILLE. — Le seigneur de la Viéville, fieffé de la prévôté de Montreuil, est convoqué pour la guerre en 1337. *D. Grenier.*

LE VIEZER. — Martin Le Viezier, procureur général de Mᵉ Nicaise Hourdel, à Montreuil, 1481. *de Rosny, Rech. gén.* — Jean, écuyer, relève deux fiefs, l'un à Maintenay, l'autre à Montreuil, le 5 mars 1508. — Jean Le Viezer de La Pipennerie, tient fief à Airon, 1575. *Fiefs de Ponth.*

VILLAIN. — Marie Thérèse Augustine Villain de S.-Marguerite, religieuse de l'hôtel-Dieu, vers 1782. *Braquehaye fils, Ét. Hospit.*

VILLEMAIN. — Seigneurie de Villemain, tenue du châtel d'Hesdin à Lyonnel d'Ongnies, 1465, à Mᵉ Gérard de Croy, par le trépas de madame Lamberde de Brimeu, sa grand' mère, 1555. *de Rosny, Rech. gén.*

VILLIERS. — Pierre de Villiers, prieur de S.-Taurin du grand ordre de S.-Benoît, prédicateur et écrivain célèbre, 1675. — Denis, lieutenant de la terre et seigneurie de Gouy, et Marie Varnet, sa femme, 1677. *Min. des not.* — Marguerite de S.-Alexis, supérieure de la communauté des dames de S.-François, à Montreuil, 1725. *Id.*

VINCENT. — Vincent, doyen de S.-Firmin à Montreuil, 1276. *Cart. de S.-Saulve.* — Alexandre Vincent, demeurant à Montreuil, et Marie Élie Warnier, sa femme, 1789. *Min. des not.*

VIOLAINES. — Demoiselle Marguerite de Violaines à Montreuil, possède le fief du Cloître, vers 1600. *Fiefs du Boulonnais.*

VIOLIER. — Fief en Boulonnais, tenu d'Engoudsent, à demoiselle Hélène de Bernieulles en 1554 et depuis à Mᵉ Jean d'Estrées, par achat de Nicolas de Bours, sieur de Jennes. *de Rosny, Rech. gén.*

VIRONCHAUX. — Jean de Vironchaux, demeurant à Montreuil, 1366. *D. du Crocq, p. 416.*

VISMARETZ. — Seigneurie sur la Canche, au-dessous de Montreuil, divisée en deux parties, appartenant en 1760, l'une de cent trente journaux à labour, à l'abbaye de S.-Josse, et l'autre à Jacques Moullart, écuyer, consistant en une maison et vingt journaux.

VISMES. — Les enfants d'Omer de Vismes avaient des rentes dues par la ville de Montreuil en 1259. — François, notaire à Montreuil, 1529. *Cart. de S.-André.*

VIVIER. — Fief du Vivier, tenu du bailliage de Wissant, à Me Jean de Bournonville, capitaine à Montreuil, en 1553. *de Rosny, Rech. gén.*

VOLMERLIER. — Jean du Volmerlier, sergent à verge de la seigneurie de Verton, 1595. *Min. des not.*

VOSSEY. — Jean François Edme de Vossey, fils de M. de Vossey, major de cavalerie dans le régiment de la Tour à Hesdin, en 1728. *Arch. nat.*

LE VOTZ. — François le Votz, sergent à verge, à Montreuil, le 13 novembre 1554. *Compt. des marguilliers de N.-D.*

W

WABEN. — Waben avait en 1350 ses mayeurs et échevins. Cette ville devint plus tard le chef-lieu d'un des cinq bailliages royaux de la sénéchaussée du Ponthieu. La seigneurie et la vicomté de Waben, tenue du Roi, appartenaient en 1377 à Jean de Bours, qui tenait aussi de Maintenay un fief près le temple de Waben.

M. de Roussé d'Escarbotin, vicomte de Waben, 1760.

WACOGNE. — V. Gervais de Wacogne, demeurant à S.-Aubin, en 1581. *Min. des not.* — Nicolas, demeurant à Cucq, tient un pré appartenant à Mᵉ Jean Nicquet, sieur de la Verte-voie, le 29 septembre 1657. *Not. part.*

WACONSAINS. — Porte : *écartelé, au 1 et 4, d'or à la bande de cœurs de gueules, au 2 et 3, d'argent à 3 fers de moulin de sable, 2 et 1.* Waignart. — Robert de Waconsains, curé de Brimeux, 1586. *Cart. de S.-André.*

WADENCOURT. — Pierre de Wadencourt avait un fief tenu de Clenleu, en 1477.

WADOUX. — Guillaume Wadoux, maître de bateaux à Étaples, 1635. *Cart. de S.-Josse.*

WAGUET. — J.-B. Waguet, prêtre choriste de N.-D., 1693. *Reg. des par.* — Marie Anne Charlotte Waguet de S.-Marthe, religieuse de l'hôtel-Dieu, vers 1755. *Titres dud. Hôtel-Dieu.*

WAIGNART. — A Abbeville. — Porte : *d'azur au chevron d'or à 3 croix de malte 2 et 1.* — Demoiselle Barbe Waignart, alliée à Antoine Pelet, puis à François de Hesghes, mayeur de Montreuil, vers 1600. *Min. des not.*

WAIL. — Nicolas de Wail, chanoine d'Amiens, fonde une chapelle à Hesdin vers 1250. *Arch. de Lille.*

WAILLY. — Jean, Pierre dit *Boucart,* et Willaume, fieffés de la prévôté de Montreuil, sont convoqués pour la guerre en 1337. *D. Grenier.* — Wistasse de Wailly, moine de S.-Josse, en 1380. *Aveu de Maintenay.* — Jean de Wailly, doyen de chrétienneté de Montreuil, 1248. *Cart. de S.-Saulve.* — Jean de Wailly, brasseur à Berck, 1574. *Min. des not.* — Marguerite, abbesse de S.-Austreberthe de Montreuil, en 1503. — Florent de Wailly, demeurant à Maninghen, près Marquise, 1592. *Min. des not.*

WALLET. — Charles Wallet, de la compagnie des gens à pieds de M. de Gadinetz, en 1626. *Min. des not.* — Catherine, veuve de François de Roussent, en 1666. *Id.* — Claude, demeurant au village de S.-Aubin, vers 1659. *Id.* — Bertin, fils et héritier de Claude Wallet. *Id.* — Sœur Wallet, dépositaire des Sœurs grises à Montreuil en 1778. *Braquehaye fils, Ét. Hospit.*

LE WALLOIS. WALLOIS. — Guillaume Le Wallois, 1180. *Cart. de S.-André.* — Godefroy, fils de feu Josse Le Wallois. *Titres de l'Hôtel-Dieu.* — Loys Le Wallois, argentier de la ville de Montreuil, 1547. *Reg. de l'Échevinage.* — Flour de Lengaigne, curateur de Jacques Wallois, fils et héritier de Louis Wallois et de Jeanne de Wœullame, qui était fille et héritière de Jacques de Wœullame, à Montreuil, 1569. *Id.* — Jacques Wallois, et Françoise Wallois, veuve de Flour de Lengaigne, héritiers de Jeanne de Henneveu, dame de Campigneulles, 1586. *Min. des not.* — Jean, mari de Claude de Boulogne, demeurant à Montreuil, en la maison du bras d'or, 1593. *Id.* — Nicolas, fils de Martin Wallois, 1629. *Id.* — N. Wallois, chanoine de S.-Firmin, 1721. *Compt. des marguilliers de N. D.*

WALON. — Barthélemy Wallon, auditeur à Montreuil,

1470. *Cart. de S.-Saulve.* — Les héritiers Jean Wallon, tiennent fiefs à Airon en 1575. *Fiefs de Ponth.*

WAMIN. — François Alexandre de Wamin, demeurant à Wamin près Hesdin, page du roi, en 1731. *Arch. nat.*

WANDINE. — Pierre Wandine, clerc de S.-Josse, tient du prieuré de S.-Pierre une maison, outre les Planques, 1340. *Cœuill. dud. prieuré.*

WAQUENDALLES. — Jean de Waquendalles, demeurant à Wicquinghen, 1583. *Min. des not.*

WARENNE. — Mathieu de la Warenne, abbé de S.-Josse-sur-mer, 1518. *Cart. de S.-André.*

WARGNIES. — Originaire de Corbie. — Simon de Wargnies, écuyer, tient fief du bailliage de Waben, 1377. *Compt. de Ponth.* — Le seigneur de Wargnies, tué à la bataille d'Azincourt. *Monstrelet.*

WARIN. — Jean Warin, prévôt de Montreuil, 1380. *Cart. de S.-André.*

WARNIER. — Jacques Warnier, tenant fief de Bellebrune, en 1542. *de Rosny, Rech. gén.* — Marguerite, veuve de Jacques Belin, 1627. *Min. des not.* — Denis, mari de Marie Pollet, d'où Marie Anne, née en 1693. *Reg. des par.* — Led. Denis, qualifié sieur de Blanquebourne, près Wimille, en 1684. *de Rosny.* — Noble hom. Firmin Pierre Joseph, chevalier, sieur de Wailly, Lignon, Verdure et autres lieux, ancien capitaine d'infanterie, mari de demoiselle Marie Aimée Marguerite Françoise Gorgon de Verville, d'où une fille Marie Aimée Louise, alliée le 11 novembre 1776 à Mre Antoine Louis Alexandre de Lapasture, chevalier, ci-devant mousquetaire du Roi. *Reg. des par.* — Josse, sieur de Fontebert, conseiller du Roi, lieutenant particulier et assesseur criminel au bailliage de Montreuil en 1720. *Min. des not.*

WASCELIN. — Wascelin, prévôt de Montreuil, en 1100. *Chart. de Ponth.*

WAST. — Pierre du Wast, fieffé de la prévôté de Montreuil, est convoqué pour la guerre en 1337. *D. Grenier.*

LA WASTINE. LES WATINES. — Jean Le Noir, écuyer, sieur de la Wastine, lieutenant général à Montreuil en 1523. — Gilles de Lhommel, sieur des Watines, en 1595. *Min. des not.*

WAVRANS. — Porte : *d'or à 3 fleurs de lys au pied coupé de gueules.* — Isaac, écuyer, sieur de Hames, allié à Montreuil en 1678, à Madeleine d'Enguinehault. *de Rosny, Rech. gén.*

WAU. — Augustin de Wau, receveur de l'abbaye de Ruisseauville, 1706. *Quittances de lad. abbaye.*

WERCHIN. — Demoiselle Jeanne de Werchin, femme de Antoine du Castel, à Montreuil, 1591. *Min. des not.* — N. de Werchin, laboureur à Lépinoy, 1587. *Id.*

WERDIER. — Dom Charles Werdier, grand vicaire de l'abbaye de S.-Josse-sur-mer en 1637. *Min. des not.*

WETTE. — Jean Le Wette, demeurant à Montreuil, 1391. *Cart. de S.-Saulve.*

WEZÉLIER. — Originaire de Campigneulles. — Andrieux de le Wezélier, du bourg d'Auxi-le-Château, demeurant à Montreuil en 1588. *Min. des not.* — Claude, fils de Jean et de Guillemette Wacogne, marié en 1598, à Antoinette Micquegnon, veuve de Flour Sausset, d'où Claude qui suit et Marguerite, femme de Pierre de Lamarre. Led. Claude, marié à Jeanne Carpentier, d'où Claude, substitut du procureur du roi et conseiller du roi à Montreuil, allié à N, d'où : 1° Claude Grégoire, notaire et procureur ; 2° Marie Jeanne ; 3° Marie Anne ; 4° Marguerite et 5° Ursule. *Not. part.* — Élisabeth Austreberthe Wezélier de S.-Austreberthe, religieuse de l'Hôtel-Dieu, vers 1770. *Braquehaye fils, Ét. Hospit.* — Mes Wezélier l'aîné, et Wezélier le jeune, notaires et procureurs à Montreuil, 1768. *Alm. de Picardie.*

WICQUET. — Thomas du Wicquet est cité parmi les tenants

fiefs d'Œufs en 1553. — Simon, sieur de Wirwigne, paraît avoir
épousé en premières noces Marie de Parenty et en secondes
noces, Josette de Ray, fille de Jean et de Marguerite Wllart,
d'où Marguerite du Wicquet, femme de Jean Allart, sieur du
Plouy, procureur du roi à Montreuil et trois autres enfants.

WIDECOT. — Pierre Widecot, tient fief de Montcavrel en
1477. *Tit. de l'Hôtel-Dieu.*

WIDEHEN. — Marguerite de Widehen, femme de Pasquier
Bouret, demeurant à Montreuil, en 1582. *Min. des not.* — Jacques Alexandre Widehen, nommé bailli d'Aix-en-Ergny, le 21
décembre 1758. *Dern. baillis.* — Marc Alexandre, nommé
bailli d'Aix-Levêque, le 2 juin 1752. — Antoine, nommé bailli
de la Bouloye en Wicquinghen, le 24 avril 1747. *Id.* — Jean
Louis de Widehen, nommé bailli de la seigneurie de Wicquinghen, le 5 mai 1783. *Id.*

WILLELMUS. — Willelmus dit *Brodons,* propriétaire d'une
maison, sise à Montreuil, paroisse S.-Pierre, 1293. *Cart. de
S.-Saulve.*

WISMES. — Ansel de Wismes, demeurant à Montreuil, 1588.
Not. part.

WISSOCQ. — Antoine de Wissocq, chevalier, sieur de
Tannay, conseiller, chambellan du duc de Bourgogne, bailli
d'Hesdin, 4 avril 1450. *Compt. dud. bailliage.*

WLLART. ULLART. — Originaire d'Étaples. — Porte : *de
sable à un chef d'argent chargé d'une croisette de sinople.* Arm. gén.
de France, 1696. — Jean de Hocquinghen, dit Wllart; ce dernier nom est un sobriquet, qui a passé de père en fils dans
cette famille. — Demoiselle Marguerite Wllart, religieuse de
l'hôtel-Dieu, 1543. *Braquehaye fils, Ét. Hospit.* — Hugues, échevin de Montreuil, 1558. — Antoine Ullart, sieur de Romont,
fils de Huchon, fils de Nicolas et de Catherine Briet, fille de
Gabriel, 11 mai 1582. *de Rosny, Rech, gén.* — Guillaume, conseiller du roi, son bailli d'Étaples, Chocqueel et Bellefontaine,

mari de Marie Bouvet, 1598. *Min. des not.* — Demoiselle Catherine Pellet, veuve d'Antoine Wllart, sieur de Romont, 1585.
Min. des not. — Nicolas Caieu, mari de Péronne Wllart et
Noel Macquet, allié à Gabrielle Wllart, 1596. *Id.* — M⁰ François, sieur de Romont, enseigne de la compagnie de Mgr de
Meigneulx à Montreuil, 1613. *Id.* — Catherine Le Bon, veuve
de Jacques Wllart, ancien mayeur de Montreuil, 1637. *Id.* Françoise Wllart, veuve de Jean de la Haye, sieur de Tangry, teste
le 6 mai 1677, laissant pour fils unique, Adrien de la Haye.
Id. — Marguerite Moncque, femme de Charles Wllart, écuyer,
sieur d'Estrées, 1740. *Not. part.*

WYART. WIART. WUYART. — Perrotin Wyart, dit *Fré-
mault,* Guyot Wyart et Jeanne Cappon, dite *Caruette,* sa femme
et Robert Wyart, fils d'Antoine, tenaient de S.-Wulmer, des
terres au Portel en 1505. *Terr. de S.-Wulmer.* — Jean Wiart,
homme lige de Bouillencourt en Vimeu en 1504. *Baill. d'A-
miens.* — Antoine Wyart le jeune, écuyer, paraît comme pa-
rent au mariage de demoiselle Philippe Framery, avec Jean
de Frohart, écuyer, sieur de Honvaut, le 11 juin 1531. —
Antoine, archer sous les ordres du maréchal du Biez, 1538.
Gaign. — Robert Wiart, demeurant à Montreuil, 1580.
Min. des not. — Charles Wuyart, sieur de Beauchamps, mayeur
d'Étaples en 1682, allié à Anne de S.-Jehan, d'où : 1° Charles, sieur des Rohart, avocat en parlement, mari de Claude
Patté, veuve en 1724 ; 2° Pierre, curé de Frencq ; 3° Anne,
femme de Nicolas Duflos ; 4° Françoise, alliée à Robert Hamerel, d'où Charles, chapelain de N.-D. de Foy à Étaples, en
1720 ; 5° Antoine, acolyte du diocèse de Boulogne, en 1682 ;
6° Renée, femme de M⁰ Nicolas Fourdinier, sieur de S.-Mi-
chel, président trésorier général de France au bureau des finances d'Amiens, 1729. *Not. part.*

Dame Françoise Le Vel, veuve d'Antoine Wyard, vice-
mayeur d'Étaples, 1731. *Min. des not.*

Y

YON. — Marie Yon, religieuse de l'Hôtel-Dieu, vers 1680. *Braquehaye fils, Ét. Hospit.*

YVART. — Marguerite Yvart, religieuse de l'Hôtel-Dieu, 1537. *Titres dud. Hôtel-Dieu.*

YVER. — A Abbeville. — Porte : *d'argent à 3 roses de gueules.* — Demoiselle Jeanne Yver, femme de Nicolas de Poilly, vers 1530. *de Rosny, Rech. gén.*

Z

ZALLEUX. — Guillaume Becquet, seigneur de Zalleux en 1517.

ZELUCQ. GELUCQUES. — Fiefs à Zelucq, tenu du bailliage d'Étaples, aux hoirs Colart de Manneville en 1477, à Nicolas Fiérard 1553. — Deux autres fiefs à Marguerite Le Brun, 1553. — Gilles de Lhommel, sieur du Quint d'Aix-en-Issart, achète le fief de Gelucques, à Hugues Le Vasseur, sieur d'Hiermont, en 1577. *Not. part.*

CORRECTIONS ET ADDITIONS

BEZEL. — François Nicolas Bezel, huissier audiencier à Montreuil, 1734. *Not. part.*

BOISTEL. — Antoine Boistel, écuyer, Pierre Bayart et Barbe Boistel, sa femme, demeurant à Conchil, 1590. *Min. des not.*

BRIET. — A Montreuil. — Bry de Briet, écuyer, sieur de Doncquerel, fils de Jean, écuyer, sieur de Doncquerel, 1592. *Min. des not.*

BULTEL. — Nicolas Bultel, marchand à Montreuil en 1594. *Min. des not.* — Claude, échevin, 1690. *Reg. des par.* — M. Bultel, curé de N.-D., 1779. *Not. part.*

COMBERTIGUES. — N. Combertigues de Varennes, à Montreuil, 1778. *Min. des not.*

Art. DELAHOUE. — *Lire* étain *au lieu d*'airain.

ÉRICAUT. — Noble hom. Charles d'Éricaut, écuyer, sieur d'Arlignies, à Lépinoy. 1725. *Min. des not.*

FOUACHE. — Jean Fouache, lieutenant de Waben, en 1584. *Min. des not.*

Art. FRAMERY. — Jean Framery, écuyer, sieur de Turbinghem, demeurant au château de Wedon, dans la haute Auvergne, mari de dame Élisabelth Guérard, d'où Jean, écuyer, sieur de Sorrus, Campigneulles-les-Grandes en partie et autres lieux, 1725. *Min. des not.*

FROMENT. — Jacques Froment, sergent royal au bailliage de Montreuil, 1586. *Min. des not.*

Art. GÉDOYN. — Dom. Nicolas Gédoyn, prêtre chanoine de la S^te chapelle de Paris, nommé abbé commendataire de S.-Saulve, le 20 avril 1725. *Not. part.*

Art. GERMAIN. — N. Germain, huissier audiencier à Montreuil, 1735. *Not. part.*

GRAVERON. — Noble hom. Robert de Graveron, écuyer, sieur de S.-Coulonne, père de Jean, sieur de Sainte-Coulonne, Lahaye et des Gaudreulles, demeurant à Harcourt, en Normandie, en 1586. *Not. part.*

GROUSTEAU. — Eustache Grousteau, cadet dans le régiment de Chépy, 1724. *Min. des not.*

GUION. — Noble hom. Jacques Guion, écuyer, sieur de la Touche, gentilhomme servant de la Reine Mère du Roi, 1586. *Min. des not.*

HACHE. — Pierre Hache, lieutenant de Buire-le-Sec, 1585. *Min. des not.* — Dom Jean Hache, procureur de l'abbaye de Dommartin, 1725. *Id.*

HERCULÈS. — Claude Herculès, mari de Jeanne Prévôt, d'où : 1° Jean, chevau-léger de la compagnie du comte de Lannoy, gouverneur de Montreuil en 1639, et marié à Madeleine Duvolmerlier et 2° Louise, femme de Jean de la Hodde, sieur de Blérendalle. *Min. des not.*

JAUPITRE. — Noble hom. Jean Jaupitre, sieur d'Étiolle, conseiller du Roi, trésorier de France et général des finances en Picardie, Boulonnais, Artois et pays reconquis, 25 mai 1775. *Min. des not.*

Art. JOLLY. — *Lire* Arch. de la ville, *au lieu de* Arch. de ville.

Art. LAMARRE. — Antoine de Lamarre, allié à Marie du Mont, d'où : Marguerite, femme de Lamoral Damerval, demeurant à Abbeville et Marie mariée à Louis Butteux, demeurant à Montreuil, 1675. *Min. des not.*

LEDRU. — Waléry Ledru, écuyer, capitaine d'une compagnie française à Montreuil, 1588. *Min. des not.*

Art. LENGAIGNE. — Denis de Lengaigne et Jean de Lengaigne, à Montreuil, déclarent leurs fiefs en la sénéchaussée du Boulonnais, 1571. *Fiefs du Boulonnais.* — Noble hom. Loys, sieur de Selles, conseiller du Roi et son lieutenant criminel à

Montreuil, mari de Marie de Leaue, 1580. *Min. des not.* — Denis, lieutenant de Quesque en 1611. *de Rosny, Rech. gén.* — Philippe, est nommé conseiller du Roi et son lieutenant criminel à Montreuil, en remplacement de son frère Loys, le 4 février 1639. *Arch. nat.* — Philippe, curé de Brimeux, 1641. *Arch. de Brimeux.* — Demoiselle Claire du Mège, veuve de Philippe de Lengaigne à Montreuil, 1631. *Min. des not.* — Daniel de Haffrengue, mari d'Antoinette de Crouï, d'où Élisabeth, alliée le 1er novembre 1643, à Jacques de Lengaigne. *de Rosny, Rech. gén.*

La seigneurie du Chocquel, appartenait à François de Lengaigne, écuyer, vers 1600, à Adrien son fils et à Jean, en 1684. *Id.*

Fief de Velinghen en la paroisse de Quesque, à Robert de Lengaigne, sieur du Verval, Attigny, en 1755. *Id.*

Art. LESAGE. — Louis François Lesage, bailli de la justice de la commanderie du Temple, membre de la commanderie de Waben, 1784. *Not. part.*

LEVESQUE. — Antoine Levesque, sergent royal au bailliage d'Étaples, à Camiers, 1585. *Min. des not.*

Art. LHOMEL. — *Lire* Nampty *au lieu de* Sampty.

Art. LIANNES. — *Lire* autrement *au lieu de* ou autrement.

LIÉGEARD. — Noble hom. Jean Liégeard, écuyer, sieur de la Verdevoye et demoiselle Marguerite de Leheure sa femme, demeurant à Frencq, 1588. *Min. des not.*

LOVAIN. — Thomas de Lovain, chanoine de S.-Firmin, 1590. *Min. des not.*

Art. MARCOTTE. — M° François Marcotte, curé de Brimeux, 1724. *Min. des not.*

MARIA. — Charles Louis Nicolas Maria, conseiller au présidial de Melun, mari de Marie Anne Guérin de Sereilly, d'où : Charles Clair Louis, receveur des domaines nationaux, et conservateur des hypothèques à Montreuil, allié en premières noces à Suzanne Snell Dickinson et eu deuxièmes noces, le 1ᵉʳ prairial an VIII, à Rose Mélanie Josèphe Capron, fille de Pierre François Louis Feuillant Capron, capitaine adjoint au corps du génie à Lille et de Bernardine Josèphe Legay. *Notes de M. Alfred Hacot.*

MERLOT. — René Merlot, premier huissier audiencier à Montreuil, 1753. *Not. part.*

Art. MONTBÉTHON. *Lire* bataillée *au lieu de* bataillé.

MONNET. — Mᵉ Guillebert Monnet, procureur du Roi au comté de Boulogne, 25 mai 1575. *Min. des not.*

Art. MOREL. — Amédée Victor Ignace Morel, huissier audiencier à Montreuil, 1773. *Not. part.*

Art. MURET. — *Lire* je crois *au lieu de* croyons-nous.

Art. PASTURE. — *Lire* Braquehaye *au lieu de* Braquehage.

Art. PICARD. — Mᵉ Claude Picart, curé d'Airon-N.-D. en 1725. *Min. des not.*

POCHON. — Jean Pochon, dit *Courtois* écuyer, à Boisjean, 1584. *Min. des not.*

Art. POULTIER. — *Lire* Duflos *au lieu de* Duffos.

Art. QUEVAL. Nicolas Queval, mari de Jeanne Bellin, d'où: Isaac, Gilles, Noël et Jeanne femme de Jacques Hoccédé, 1637. *Min. des not.* — Isaac Queval, allié à Claude Nicquet, fille de Louis et de Jacqueline Duhamel, d'où : Nicolas, Isaac et Peronne, à Montreuil 1637. *Id.*

QUEVEAUVILLIERS. — Michel de Queveauvilliers, ancien échevin de S.-Valery, 1725, mari de Catherine Carpentier. *Min. des not.*

Art. REGNAULT. — Charles Regnault, sieur de Biez, à Montreuil, 1574. *Min. des not.*

Art. RIQUIER. — Louis Riquier, procureur d'office à Brimeux, 1724. *Min. des not.*

Art. RIVIÈRE. — Noble hom. Claude de la Rivière, écuyer,

sieur d'Argoules, dominois, petit chemin et bois-Jean en partie, demeurant à Argoules, 1584. *Min. des not.*

ROUSSÉ. — Messire de Roussé, allié le 19 janvier 1581 à Demoiselle Anne de Calonne. *Min. des not.*

Art. LE ROY. — Mess. François Nicolas Le Roy, chevalier, sieur de Barde et autres lieux, mari de Jeanne Marie Prévost, et donataire de Marguerite Sublet du Mesnil, 4 févier 1768. *Not. part.*

Art. SARTHON. — René de Sarthon, écuyer, homme d'armes des ordonnances du Roi, à Arson-le-Long, 1584. *Min. des not.* — Jean de Sarthon, mari de Jeanne Lefebvre, et cousin germain d'Andrieux de Sarthon, teste le 21 avril 1584. *Not. part.* — Antoine de Sarton, mayeur d'Étaples en 1588, mari de demoiselle Françoise de Lhommel, sœur de Gilles, sieur de Cauchie-en-Marenla, d'où Claude et Marc, 1590. *Min. des not.*

SAUVAGE. — Josse Sauvage, lieutenant de S.-Aubin, 1585. *Min. des not.*

Art. SIMON. — M. Simon, curé de S.-Josse-sur-mer, 1760. *Not. part.*

Art. SOUASTRE. — *Lire* Fiérard *au lieu de* Fierard.

THOUIN. — Pierre Thouin, mari de Marie de Lengaigne, 1724. *Min. des not.*

THUILLIER. — M. Thuillier, receveur des fermes du Roi à Montreuil, 1760. *Not. part.*

TRESMOLLIÈRE. — Jean Pierre de Tresmollière, écuyer, capitaine des vaisseaux de la compagnie des Indes, mari de Élisabeth Marie du Fay de Louvigny, fille de messire Nicolas du Fay, écuyer, demeurant à Paris, 1758. *Min. des not.*

VERDRÈRE. — Dom. Charles Verdrère, religieux, grand-vicaire de l'abbaye de S.-Josse-sur-mer, en 1637. *Min. des not.*

VITRE. — Jean Vitre, sieur de Vilde, bailli de Gouy, demeurant à Montreuil, veuf de demoiselle Anne Austreberthe de Rambures, 1758. *Not. part.*

www.ingramcontent.com/pod-product-compliance
Lightning Source LLC
Chambersburg PA
CBHW072225270326
41930CB00010B/1996